Verdades sobre el Tíbet,
los dalái lamas y el budismo

Bernard Baudouin

VERDADES SOBRE EL TÍBET, LOS DALÁI LAMAS Y EL BUDISMO

Filosofía de paz
contra la violencia en el mundo

A pesar de haber puesto el máximo cuidado en la redacción de esta obra, el autor o el editor no pueden en modo alguno responsabilizarse por las informaciones (fórmulas, recetas, técni cas, etc.) vertidas en el texto. Se aconseja, en el caso de pro ble mas específicos —a menudo únicos— de cada lector en par ticular, que se consulte con una persona cualificada para obtener las informaciones más completas, más exactas y lo más ac t ualizadas posible. DE VECCHI EDICIONES, S. A.

De Vecchi Ediciones participa en la plataforma digital **zonaebooks.com**
Desde su página web (www.zonaebooks.com) podrá descargarse todas las obras de nuestro catálogo disponibles en este formato.

Traducción de Sonia Afuera Fernández.

Diseño gráfico de la cubierta: © YES.

Fotografías de la cubierta: © David Kerkhoff/iStockphoto, © Shutterstock y © Ping Chuin Ooi/Fotolia.com.

© Editorial De Vecchi, S. A. 2019
© [2019] Confidential Concepts International Ltd., Ireland
Subsidiary company of Confidential Concepts Inc, USA
ISBN: 978-1-64461-443-3

El Código Penal vigente dispone: «Será castigado con la pena de prisión de seis meses a dos años o de multa de seis a veinticuatro meses quien, con ánimo de lucro y en perjuicio de tercero, reproduzca, plagie, distribuya o comunique públicamente, en todo o en parte, una obra literaria, artística o científica, o su transformación, interpretación o ejecución artística fijada en cualquier tipo de soporte o comunicada a través de cualquier medio, sin la autorización de los titulares de los correspondientes derechos de propiedad intelectual o de sus cesionarios. La misma pena se impondrá a quien intencionadamente importe, exporte o almacene ejemplares de dichas obras o producciones o ejecuciones sin la referida autorización». (Artículo 270)

Impreso bajo demanda gestionado por Bibliomanager

Índice

Prólogo 7
Prefacio 9
Mensaje de Su Santidad el dalái lama
   con motivo del 49.º aniversario
   de la sublevación nacional tibetana 11
Introducción 19

EL TÍBET, TIERRA DE LOS DALÁI LAMAS

Reseña histórica 27
   El nacimiento de una civilización 28
   Los fundamentos de una sociedad feudal 30
   El Imperio tibetano 32
La evolución religiosa del Tíbet 39
   Songtsen Gampo y la entrada
      en una nueva era 41
   Trisong Detsen y la instauración del budismo
      como religión oficial 43
   Del rechazo del budismo
      al fin del Imperio tibetano 47
   El renacimiento del budismo
      y de la civilización tibetana 50
   De la eclosión de los linajes espirituales
      a la invasión mongola 53
   El budismo bajo la influencia mongola 58

Verdades sobre el Tíbet, los dalái lamas y el budismo

LOS CATORCE DALÁI LAMAS	61
EL NACIMIENTO DE UN LINAJE	65
Gendun Drub, el primer dalái lama	67
Gyalwa Gendun Gyatso, el segundo dalái lama	72
Gyalwa Sonam Gyatso, el tercer dalái lama	79
Yonten Gyatso, el cuarto dalái lama	85
Ngawang Lobsang Gyatso, el quinto dalái lama	89
Rigdzin Tsangyang Gyatso, el sexto dalái lama	105
UNA NUEVA ERA	123
Padkar Dzinpa Ngawang, el usurpador	124
El sobresalto tibetano	126
Lobsang Kelsang Gyatso, el séptimo dalái lama	134
Jampel Gyatso, el octavo dalái lama	150
DESTINOS TRÁGICOS	165
Lungtok Gyatso, el noveno dalái lama	165
Lobsang Tsultrim Gyatso, el décimo dalái lama	168
Lobsang Khedrup Gyatso, el undécimo dalái lama	172
Lobsang Trinley Gyatso, el duodécimo dalái lama	177
LOS CAMINOS HACIA EL EXILIO	183
Lobsang Thubten Gyatso, el decimotercer dalái lama	184
Jampel Ngawang Lobsang Yeshe Tenzin Gyatso, el decimocuarto dalái lama	218
CONCLUSIÓN	253
BIBLIOGRAFÍA	255

Prólogo

Todos los dalái lamas han sido a lo largo del tiempo reencarnaciones del Buda de la Compasión.

Su Santidad el decimocuarto dalái lama, heredero de un largo linaje, representa hoy en día no sólo el Buda viviente, sino también la compasión de todos los Budas. Es el dirigente en el exilio del Tíbet y, asimismo, el líder espiritual de los tibetanos; por esta razón, se trata de un verdadero portador de paz, cuya aura se extiende mucho más allá de su país de origen.

Esta condición hace que goce de respeto en todo el mundo; muchos jefes de Estado se sienten muy honrados al recibirlo, ya que lo consideran un ser excepcional y, además, reconocen su espíritu con respecto a todos los pueblos y las religiones, con cuyos líderes se relaciona de manera habitual.

Más que considerarlo un simple religioso, sus propios súbditos elevan a Su Santidad el dalái lama al rango de símbolo, de la misma manera que han venido haciendo sus antepasados con sus trece ilustres predecesores. Le consideran el «Buda de carne y hueso», la encarnación de un dios viviente.

No es casual, pues, que su nombre —Tenzin Gyatso— signifique «océano de sabiduría». Se trata de un auténtico embajador de la sabiduría y de la paz en el mundo, que trabaja, con los suyos y en todas partes, por la paz y el respeto de los hombres, de sus costumbres y de sus creencias.

La labor del decimocuarto dalái lama continúa fielmente la misma línea de quienes le precedieron, y se centra en la incansable transmisión de un mensaje de paz y humanidad, de respeto y humildad, a su pueblo, que sufre como todos los pueblos del mundo.

Es mi deseo que, con la difusión de este libro, la influencia de Su Santidad aumente todavía más por el bien de su pueblo y de todos los seres.

Lama G<small>YURMÉ</small>

<small>Superior de la Congregación Dachang Vajradhara Ling, del templo Kagyu Dzong y del centro de retiro Mahamudra.</small>

Prefacio

El pueblo tibetano ha iluminado durante mucho tiempo los altiplanos de la región del Himalaya con su glorioso pasado y su cultura eminentemente espiritual. Sin embargo, hoy en día vive unos momentos difíciles. El Tíbet fue invadido y anexionado por China, y el decimocuarto dalái lama vive en el exilio desde 1959. El país ha vivido desde entonces las décadas más sombrías de su historia. Sin embargo, el pueblo tibetano, expoliado de sus derechos y su cultura, ha sobrevivido a todas las afrentas y a todas las humillaciones.

Arraigados a su tierra y a sus tradiciones, los tibetanos se han mantenido firmes, fieles a su idioma, a sus costumbres y a su espiritualidad.

Esta voluntad de supervivencia se debe en parte, después de cinco décadas de esclavitud, a la emblemática figura de Jampel Ngawang Lobsang Yeshé Tenzin Gyatso, el decimocuarto dalái lama.

Verdades sobre el Tíbet, los dalái lamas y el budismo

Afirmar que quienes hicieron oír su voz en defensa del Tíbet durante los meses previos a los Juegos Olímpicos de Pekín 2008 no eran otra cosa que «revolucionarios afines al dalái lama» no es tan sólo una infamia: es simplemente primario, una muestra de incultura.

Para convencerse de ello sólo tenemos que echar un vistazo a la historia de este pueblo impregnado de una ferviente espiritualidad, pues no en vano durante mucho tiempo había como mínimo un monje en cada familia tibetana.

También deberíamos observar la larga trayectoria del linaje de los dalái lamas, estos grandes maestros del budismo tibetano que han venido guiando desde hace siglos a su pueblo por el camino de la serenidad y la sabiduría.

El hombre que recibió el Premio Nobel de la Paz en 1989 no es un simple contestatario enfrentado al poder dictatorial chino, sino el heredero de una larga y noble tradición espiritual.

Por todo esto, dedicar un tiempo a viajar al pasado y recorrer los meandros de la fabulosa historia de los dalái lamas nos servirá para demostrarnos que, detrás de la voluntad del Tíbet de recuperar su autonomía de pensamiento, no hay más que la legítima aspiración de todos los pueblos de existir según sus propias convicciones.

Mensaje de Su Santidad el dalái lama con motivo del 49.º aniversario de la sublevación nacional tibetana

Con motivo del 49.º aniversario del levantamiento pacífico del pueblo tibetano en Lhasa, el 10 de marzo de 1959, quiero ofrecer mis plegarias y rendir homenaje a todos aquellos valientes hombres y mujeres del Tíbet que han sufrido incalculables penalidades y han sacrificado sus vidas por la causa de su pueblo.

Deseo expresar mi solidaridad con los tibetanos que sufren actualmente la represión y los malos tratos, y saludar asimismo a todos ellos, tanto a quienes viven en el interior como a aquellos que residen fuera del Tíbet, sin olvidar a los que apoyan la causa tibetana y a los defensores de la justicia.

Durante seis décadas, los tibetanos del conjunto del Tíbet, conocido con el nombre de Tcheulkha-

Soum (U-Tsang, Kham y Amdo), han tenido que vivir bajo sospecha, en un estado de miedo constante y de intimidación a causa de la represión china. Sin embargo, además de mantener la fe religiosa, un cierto nacionalismo y su cultura única, el pueblo tibetano ha sido capaz de conservar viva su aspiración primordial de libertad. Admiro profundamente todas estas cualidades del pueblo tibetano y su irreductible valor. Me siento muy orgulloso y satisfecho de él.

Muchos Gobiernos, organizaciones no gubernamentales y personalidades de todo el mundo, fieles a su confianza en la paz y la justicia, han defendido con continuidad la causa del Tíbet. Especialmente a lo largo de este último año, los Gobiernos y los habitantes de varios países han llevado a cabo gestos importantes que expresan claramente su apoyo. Me gustaría expresar mi gratitud a cada uno de ellos.

El problema del Tíbet es muy complicado y está intrínsecamente ligado a otros muchos: la política, el tipo de sociedad, la ley, los derechos humanos, la religión, la cultura, la identidad del pueblo, la economía y las condiciones del medio natural. En consecuencia, para resolver el problema hace falta un enfoque de conjunto, que tenga en cuenta los intereses de todas las partes implicadas, y no sólo los de una de ellas. Por eso nos hemos mantenido firmes en nuestro compromiso en pro de una política de beneficio mutuo, que nos aproxima a la Vía Media, y hemos realizado esfuerzos sinceros y persistentes para aplicarla desde hace años. Desde el año 2002, mis emisarios han mantenido seis encuentros con los responsables de la República Popular de China para tratar una serie de importantes problemas. Estas largas conversaciones sirvieron para aclarar algunas de sus dudas y nos brindaron la posibilidad de explicarles nuestras aspiraciones; sin embargo, en lo concerniente al problema fundamental, no ha habido ningún resultado concreto. Y en el transcurso de estos últimos años, en el Tíbet han aumentado la represión y la brutalidad. Pero, a pesar de estos desgraciados acontecimientos, conservo intactos mi determinación y mi compromiso por seguir la política de la Vía Media y proseguir el diálogo con el Gobierno chino.

El problema principal de la República Popular de China es su falta de legitimidad en el Tíbet. Lo mejor que podría hacer el Gobierno de este país para dotar de argumentos su posición es llevar a cabo una política que satisficiera al pueblo tibetano y se ganara su confianza. Si somos capaces de reconciliarnos por la vía del acuerdo mutuo, entonces, tal como he declarado en repetidas ocasiones, haré todos los esfuerzos posibles para lograr el apoyo del pueblo tibetano.

Actualmente en el Tíbet, debido a muchas actuaciones realizadas sin ninguna previsión por parte del Gobierno chino, se ha dañado gravemente el medio natural. Por otro lado, y como consecuencia de la política de traslado de la población, los habitantes de procedencia no tibetana se han multiplicado, hasta el punto de reducir a los tibetanos de origen a una insignificante minoría dentro de su propio país. Además, el idioma, las costumbres y las tradiciones del Tíbet, que reflejan la verdadera esencia y la identidad de nuestro pueblo, están desapareciendo poco a poco. En consecuencia, los tibetanos están cada vez más asimilados a la población china, que poco a poco es más numerosa. La represión no ha dejado de ejercerse en el Tíbet, con un gran número de inimaginables y flagrantes violaciones de los derechos humanos, la negación de la libertad de creencia y la politización de los problemas religiosos. Todo ello es el resultado de la falta de respeto del Gobierno chino por el pueblo tibetano; lo que hace a través de su política de unión de las nacionalidades es poner deliberadamente obstáculos de la máxima importancia. Estas barreras separan al pueblo tibetano del chino; por esta razón hago un llamamiento al Gobierno chino para que ponga fin a esta política.

Mensaje de Su Santidad el dalái lama

Por mucho que las zonas habitadas por una población tibetana se conozcan con los nombres de regiones, prefecturas y condados autónomos, de autónomos sólo tienen el nombre, ya que actualmente no gozan de ninguna clase de independencia real. En lugar de esto, están gobernadas por personas que ignoran la situación de la región y se guían por lo que Mao Zedong llamaba *el chovinismo han*. A causa de ello, esta supuesta autonomía no ha proporcionado ningún beneficio tangible a todas las nacionalidades afectadas. Estas políticas erróneas, que no están acorde con la realidad, causan enormes perjuicios no sólo a las diferentes nacionalidades, sino también a la unidad y la estabilidad de la nación china. Tal como aconsejó Deng Xiaoping, para el Gobierno chino es importante «buscar la verdad a partir de los hechos», en un sentido real del término.

El Gobierno chino me critica severamente cuando saco a relucir el tema del bienestar del pueblo tibetano ante la comunidad internacional. Hasta que no logremos encontrar una solución que nos beneficie mutuamente, tengo la responsabilidad moral e histórica de continuar hablando libremente en nombre de los tibetanos. Sea como fuere, todo el mundo sabe que me encuentro en una situación de semijubilación desde que la dirección política de la diáspora tibetana se elige directamente por la población.

China se desarrolla y se está convirtiendo en un país poderoso gracias a sus grandes progresos económicos. Nosotros contemplamos este hecho con un espíritu positivo, ya que ello también proporciona a este país la posibilidad de desempeñar un papel importante en el plano global. El mundo está esperando con impaciencia ver cómo la dirección china actual pone en práctica los conceptos de «sociedad armoniosa» y de «crecimiento pacífico» que propone. En este terreno, el progreso económico por sí solo no bastará: deben producirse mejoras en el respeto del Estado de derecho, en la transparencia, en el derecho a la información, así como en la libertad de expresión. Dado que China es un país constituido por gentes de varias nacionalidades, todas deben disfrutar de igualdad y libertad para proteger sus respectivas identidades: esta es una condición indiscutible para la estabilidad del país.

El 6 de marzo de 2008, el presidente Hu Jintao declaró: «La estabilidad en el Tíbet afecta a la del país, así como la seguridad del Tíbet concierne también a toda China». Luego añadió que el Gobierno chino debe garantizar el bienestar de los tibetanos, mejorar su actuación en relación con los grupos religiosos y étnicos, y mantener la armonía social y la estabilidad. La declaración del presidente Hu es acorde con la realidad y esperamos su puesta en práctica.

Este año, el pueblo chino espera con orgullo e impaciencia la inauguración de los Juegos Olímpicos. Yo he apoyado desde el principio la idea de que China debía tener la oportunidad de organizar los Juegos. Puesto que los acontecimientos deportivos internacionales, y especialmente los Juegos, impulsan la libertad de expresión, la igualdad y la amistad, China debería demostrar la calidad de su hospitalidad concediendo estas libertades. Por este motivo, al enviar a sus atletas, la comunidad internacional debería recordar estos derechos a China. Tengo conocimiento de que numerosos parlamentos, individuos y organizaciones no gubernamentales de todo el mundo han adoptado diversas iniciativas aprovechando la oportunidad que representaba para China esta ocasión de cambiar para mejor. Admiro su sinceridad y deseo declarar con rotundidad que será muy importante observar el periodo posterior a los Juegos, los cuales van a dejar huella, sin duda alguna, en el pueblo chino. El mundo debe buscar los medios para actuar enérgicamente en favor de que se produzcan cambios positivos en China, incluso después de la disputa de los Juegos.

Verdades sobre el Tíbet, los dalái lamas y el budismo

Me gustaría aprovechar esta ocasión para expresar mi orgullo y mi aprobación por la sinceridad, la valentía y la determinación que ha demostrado el pueblo tibetano en el Tíbet. Le animo vivamente a continuar trabajando de forma pacífica y respetando la ley para hacer posible que todas las minorías nacionales de la República Popular de China, incluido el pueblo tibetano, puedan disfrutar de sus derechos legítimos.

También quiero agradecer al Gobierno y al pueblo de la India en particular, por su apoyo continuado e incomparable a los refugiados tibetanos y a la causa del Tíbet. Asimismo, deseo expresar mi gratitud a todos los Gobiernos y pueblos por su apoyo a la causa tibetana.

Con mis plegarias para el bienestar de todos los seres.

10 de marzo de 2008

Fuente: traducción francesa de Bureau du Tibet. *(N. del T.)*
Correo electrónico: tibetoffice@orange.fr.
Página web: www.tibet.net – www.tibet-info.net.

Introducción

A principios del tercer milenio, la historia de la humanidad parece sometida de nuevo a los balbuceos de otras épocas.

En todas partes, hombres, mujeres y niños viven y mueren en condiciones propias de los primeros años de la humanidad. Se niegan los derechos más elementales, se somete y manipula a sociedades enteras, se extermina a etnias con el acuerdo de asambleas plenarias.

Los valores fluctúan en función de si se está o no en el poder. Los derechos humanos, que fueron una idea bella, se reducen a menudo, bajo pretextos falaces, al derecho del más fuerte. Las economías se hacen y deshacen sin que el individuo tenga ya nada que ver con ellas.

El aliento divino que en el pasado alentaba a los pueblos y los guiaba hacia un futuro sereno a través de una multitud de corrientes espirituales con acentos de eternidad, de respeto mutuo y de loable abnegación, se convierte hoy en muchos sitios en la temible arma de unos fanáticos incultos sedientos de sangre.

El panorama podría ser increíblemente terrible y sombrío, hasta el punto de aniquilar cualquier esperanza concebida por la humanidad durante la segunda mitad del siglo XX, si un pueblo no hubiera hallado un remanso de paz y revelado la existencia, más allá de toda incertidumbre y creencia, de una filosofía vital capaz de llevar la armonía, la serenidad y la fuerza hasta lo más profundo de cualquier ser humano.

Es más cerca del cielo, entre los 4000 y los 6000 metros de altitud, donde hay que ir a buscar esta «fuente de plenitud», a un lugar donde reina un clima a menudo hostil y donde nacen —como por azar— algunos de los principales ríos dispensadores de vida del planeta: el Indo, el Ganges, el Sutlej, el Brahmaputra, el Irrawaddy, el Salween, el Mekong, el Yangtsé Kiang (río Azul) y el Huang He (río Amarillo).

Es allí, en el altiplano del Tíbet, dominada por el mineral y bañada por el monzón, en la que el viento sopla durante todo el año, donde se encuentra la fuente espiritual de una filosofía de vida cuya única ambición es ayudar a cada persona a revelarse a sí misma y a encontrar la paz interior.

Introducción

Esta fuente espiritual es el budismo tibetano, cuyo líder, a la vez religioso y temporal, lleva desde el siglo XVI el título de dalái lama, una denominación que significa «océano maestro» u «océano de sabiduría».

En este sentido, podemos lanzarnos al descubrimiento del Tíbet de mil maneras: leyendo libros especializados o haciendo senderismo por las llanuras desérticas y los valles encajados entre las cumbres más altas del mundo. Siempre encontraremos allí el alma ruda y noble del pueblo tibetano, animado por una fe indefectible que no ha podido aniquilar ninguno de los invasores que los han ocupado a lo largo de los siglos.

Sin embargo, en última instancia, ir al encuentro de la casta de los dalái lamas constituye la mejor manera posible de abordar y percibir el sentido profundo de la fe tibetana. Este libro le invita a un viaje a través del tiempo y la espiritualidad de una filosofía de vida única.

PRIMERA PARTE

EL TÍBET, TIERRA DE LOS DALÁI LAMAS

Al pisar la tierra, uno empieza a conocer a los hombres, a impregnarse de los fundamentos de una ética espiritual y a iniciarse en las virtudes de un linaje de maestros.

El alma de un pueblo, de una etnia o de una comunidad proviene en primer lugar de las raíces ancestrales que unen a las personas, a lo largo del tiempo, a una tierra, un país o un territorio.

Y, de hecho, quien contemple atentamente lo que está a su alrededor se dará cuenta de que el medio natural siempre es, sea cual sea el lugar donde se encuentre, un actor destacado en la evolución de la sociedad humana, por la simple razón de que los hombres cambian y actúan, en toda clase de circunstancias y dentro de un marco determinado, en función de los parámetros naturales propios de los espacios en los que se enmarca su existencia.

Esta afirmación adquiere todavía más fuerza cuando la tierra de la que se habla está considerada «el techo del mundo» y tiene una historia tras ella difícilmente comparable a cualquier otra. El mítico Tíbet ofrece al visitante unos escenarios verdaderamente suntuosos y grandiosos, además de espacios desérticos y expuestos al salvaje rigor de los elementos.

El Tíbet del que tanto se ha hablado, más allá de las imágenes inmediatas y de los relatos convencionales, tiene todavía mucho que enseñar; sin embargo, hay que saber esperar y tomarse el tiempo suficiente para descubrirlo, con la esperanza de vislumbrar allí algún día la suprema emanación de una civilización tocada por la gracia de una espiritualidad con unos ecos eternos.

Reseña histórica

No se puede comprender el alcance verdadero de los acontecimientos ocurridos en el altiplano tibetano si no se toma conciencia, de entrada, del carácter extraordinario de estos sucesos.

En realidad se trata de una fortaleza natural que desde sus nevadas cumbres, las más altas del planeta —a más de 8000 metros de altitud—, domina Asia. La mayoría de las tierras habitables, escondidas entre fronteras naturales a menudo infranqueables, se encuentran a más de 4000 metros.

Posee un clima a menudo riguroso: continental en el norte, abundantemente bañado por el monzón indio en el sur y el centro, y por el chino en el este, que producen tormentas de nieve y de granizo frecuentes en muchos de los valles. A pesar de que la capital del Tíbet, Lhasa, se encuentra en la misma latitud que Argel, las diferencias de temperaturas son a veces considerables.

Los inmensos desiertos conviven con innumerables lagos en las montañas; las zonas pantanosas, con amplias extensiones de pastos de altura. En una amplia franja de la meseta, la estepa se extiende hasta que su final se pierde de vista, alternando hierbas rasas, líquenes y musgos con sorprendentes valles fértiles con una benefactora pluviosidad que ofrece un riego natural.

Es aquí, en este decorado excepcional por diversos motivos, donde nació el pueblo tibetano.

El nacimiento de una civilización

Algunas de las leyendas tibetanas más antiguas hacen referencia a un mundo creado por «dioses-montañas» que decidieron descender a la tierra, llevando con ellos las razas vegetal, animal y humana.

Por ello, durante muchas generaciones, a los reyes se les consideraba como *descendientes de lo más alto*.

Otros relatos muy antiguos hablan de un mono que alcanzó la santidad en contacto con el Bodhisattva de la Compasión, y luego fue enviado a los montes tibetanos para crear allí una ermita.

En cuanto a algunas leyendas procedentes de otra era, desvelan la misteriosa historia de un

Reseña histórica

Tíbet que surge de las aguas y cuyos lejanos vestigios serían los numerosos lagos que existen todavía en la actualidad.

Actualmente, los etnólogos y los lingüistas consideran, de manera más prosaica, que el pueblo tibetano, al igual que muchas otras comunidades humanas, nació de una sucesión de migraciones de ganaderos y agricultores nómadas, principalmente de tipo mongoloide, aunque con unas sorprendentes excepciones, en el oeste, de unos individuos más altos, rubios y de ojos azules.

A medida que se forjaba la historia del Tíbet, otras tribus y grupos extranjeros no cesaban de enriquecer ese crisol de poblaciones con sus singularidades y peculiaridades. Con el paso del tiempo, todos se fundieron en una identidad común influida en bastantes ocasiones por los choques políticos, frecuentes en esta parte del mundo.

Es necesario constatar que la civilización tibetana desarrolló así una lengua y unas costumbres propias, suficientemente diferenciadas como para no tener más que una mínima relación con las de los pueblos vecinos.

Y así fue, en el entorno a menudo rudo y austero de la meseta tibetana, como nació una cultura original, cuyo ritmo depende tanto de los elementos naturales como de la ganadería y la agricultura.

Verdades sobre el Tíbet, los dalái lamas y el budismo

LOS FUNDAMENTOS DE UNA SOCIEDAD FEUDAL

Al ser propicio el contexto para el desarrollo de relaciones entre señores e individuos sujetos a estos, finalmente toma impulso una sociedad de tipo feudal. Se considera que las personas que acceden a las más altas funciones son los herederos de una filiación divina que les confiere por derecho un ascendiente sobre sus semejantes.

La sociedad está compuesta por clanes, a los que se vinculan un determinado número de familias, y esto ocurre en todos los niveles de la escala social. Cada clan afirma descender de un antepasado divino, cuyos elevados valores morales, éticos y espirituales recaen en el conjunto de la comunidad vinculada a él. La perpetuación de estos valores comunes en todas las familias de un mismo clan se efectúa mediante la transmisión de los bienes y las uniones matrimoniales. Esto se hace de forma muy cómoda, dado que las altas esferas de la sociedad tibetana original reconocen el derecho a la poligamia, con una esposa «principal» y un número determinado de mujeres «secundarias»; además, estas prácticas permiten tejer vínculos comerciales o políticos a largo plazo.

La poliandria también es una práctica común, que une de hecho a una esposa con los hermanos de su marido y perpetúa los vínculos entre las familias más allá de la posible desaparición del esposo.

En cuanto al proceso de transmisión de bienes, se efectúa por el derecho de primogenitura, que confiere al hijo mayor la propiedad de todo lo que poseía anteriormente el difunto padre.

Hasta finales del siglo V, la sociedad tibetana estaba estructurada en señorías, que encajaban como las piezas de un gran puzle. Los jefes de las tribus, los señores y los primeros reyes procedían supuestamente del cielo, como narra una tradición oral que se mantuvo viva durante mucho tiempo.

En efecto, no fue hasta principios del siglo siguiente cuando emergió realmente una nobleza,[1] que poco a poco se acabaría imponiendo a las otras «castas» de la sociedad tibetana.

El siglo VI supone, por tanto, una especie de eje dentro de la historia del Tíbet y asienta las primeras bases de lo que pronto se convertiría en un verdadero Estado.

Una dinastía real toma forma poco a poco, y se organiza un reino. El rey Tagba Ntazig encabeza

---

1. La transmisión de los cargos de nobleza seguiría siendo hereditaria hasta el siglo XVIII, y a mediados del XX se contaban todavía más de doscientas familias en la nobleza tibetana.

lo que parece ya una confederación; su hijo Namri se convierte enseguida en el soberano de nueve señores locales. Todo indica que se avanza hacia una unificación de los principados: la sociedad tibetana está convirtiéndose en una entidad política de pleno derecho y muestra ya cierto poder.

Sin embargo, habrá que esperar al siglo VII para que el Tíbet acceda realmente al estatus de Estado y se impulse incluso al rango de imperio constituido. El artesano de esta eclosión es el trigésimo tercer rey del país, nacido el año 617, Tri Songtsen, que reinará con el nombre de Songtsen Gampo. Cuando sube al trono, en el año 629 —con apenas trece años—, nada hace presagiar que su nombre quedaría asociado para siempre a uno de los periodos más espléndidos de la historia del altiplano tibetano. Y sin embargo sería él, con sus conquistas, quien haría del Tíbet uno de los mayores imperios asiáticos, proclamándose desde entonces rival de China.

El Imperio tibetano

Uno de los primeros y más prestigiosos logros de Songtsen Gampo fue, sin duda, la creación de una capital para su reino. Recibió el nombre de Lhasa y pronto se convertiría en el corazón simbólico del mundo tibetano.

A pesar de su corta edad, el monarca se afirmó rápidamente como un visionario y un conquistador. Albergaba claramente grandes ambiciones para el Tíbet y mostraba una evidente aptitud en el arte de la guerra que, en un primer momento, le sirvió para eliminar a algunos señores tibetanos sublevados. Luego, sus guerreros, que tenían fama de temibles, se lanzaron a la conquista de las regiones septentrionales.

Sin embargo, Songtsen Gampo también era un estratega. Muy pronto se dio cuenta de la importancia de las alianzas y de los intercambios, y resultó ser un hábil táctico. En este sentido, fue el iniciador de una nueva práctica, la de los «matrimonios de Estado». En el sur, se casó con la descendiente de la dinastía nepalesa de los Thakuri; en el norte, sus tropas acudieron en tropel al Shangshung y luego a la región de Sumpa, rodeando el Kokonor abandonado por los chinos. Songtsen Gampo intentó obtener la mano de una princesa china, pero fue rechazado por el señor del Imperio Tang. Sin embargo, el asunto no terminó ahí, y el caudillo tibetano invadió el norte del Yunnan y de Birmania. Luego, en el año 640, le tocó al Nepal pasar a estar bajo la autoridad tibetana. En una década, el Tíbet se había transformado en una potencia militar temida y respetada por todos.

Al año siguiente, Songtsen Gampo cedió el trono a su hijo Gungsong Gunstsen, de 13 años. En el año 645, al término de una devastadora guerra, el Tíbet se hizo con Shangshung; sin embargo, el reinado del joven monarca fue efímero, pues murió en el año 646. Su padre, Songtsen Gampo, regresó al poder y reinó hasta el año 649.

El Imperio tibetano que contribuyó a desarrollar era entonces inmenso: se extendía desde las fuentes del Brahmaputra hasta las llanuras de Sichuan, desde Nepal hasta el Qaidam. Muy pronto fue heredado por el nieto de Songtsen Gampo, Mangsong Mangtsen.

Durante los siguientes veinte años, el Imperio tibetano amplió sus fronteras, tanto en los territorios de los Tuyuhun, al nordeste de China, como gracias a la toma de los oasis chinos de Hotan, Kashi, Kuga y Yangi, y la conquista de los valles del Pamir y del Karakorum; se impuso también al noroeste, en el oeste de Sichuan y en el Kokonor.

Tri Dusong sucedió a Mangsong Mangtsen en el año 676. Con sólo dos años de edad, fue colocado bajo la tutela bicéfala de Gar Ysenya y Gar Tridrin.

Sin embargo, una nueva potencia apareció en la región: se trataba de los musulmanes, cuyas tropas árabes habían conquistado parte de África y de Asia. Estos nuevos actores en la escena política, por un lado, contendrían los avances tibetanos y, por otro, reforzarían al Imperio chino, que pronto encontraría suficiente vigor para contener los avances de unos y otros.

Cuando el último de los Gar falleció, en el año 699, los accesos de los tibetanos a la ruta de la seda se habían perdido. Tri Dusong, que hasta entonces había permanecido a la sombra de sus tutores, accedió al fin al poder; tenía veinticinco años.

Gracias a las intrigas de su madre, la ambiciosa emperatriz Trimaleu, Dusong se casó con una princesa Tang, la hija adoptiva del emperador chino Zhong Zong, considerado el restaurador de la grandeza y los faustos de la dinastía Tang.

En realidad, el emperador de China estaba muy contento de aliarse así con el representante de los tibetanos, de quienes se sabía, porque lo habían demostrado en numerosas ocasiones, que eran unos guerreros temibles y feroces, con unos ritos misteriosos y sanguinarios.

Sin embargo, no por ello cesaron las fricciones entre ambos imperios a lo largo de las siguientes décadas; estos conflictos siguieron influyendo de manera duradera en el trazado de la frontera entre ambas naciones, que se encontraba a merced de incursiones y guerras interminables.

El principio del siglo VIII vio cómo los chinos afianzaban su poder con un ardor decuplicado, sacando el mejor partido posible del avance de los ejércitos musulmanes de los Omeyas en Asia central. Tras diversos avatares, los tibetanos intentaron alcanzar una alianza con los árabes, pero sin éxito. Incluso perdieron Fergana, que entró a formar parte de las posesiones del emperador chino, quien ambicionaba rodear el Tíbet e impedirle cualquier posible acceso a las rutas comerciales. Finalmente, todo el norte del Tíbet cayó bajo el control chino.

Tras un arranque de orgullo de los tibetanos, gracias al cual recuperaron varias provincias a los chinos entre los años 727 y 729, finalmente ambos imperios alcanzaron un acuerdo en el 730, por el que reconocían mutuamente sus posesiones territoriales.

Nadie se atrevería entonces a negar que el Tíbet era un poderoso imperio guerrero, hasta el punto de que sus veleidades hegemónicas, que en el pasado le habían llevado a extender sus dominios progresivamente, inquietaban a muchos de sus vecinos. De hecho, el Pamir, el Karakorum, el Nanzho y el Gilgit avivaron el «apetito» de los tibetanos, que multiplicaron las presiones y las alianzas. Es cierto que los chinos retomaron el control del Tarim en el año 750, pero un cambio de alianzas por parte de los turcos provocó muy pronto una aceleración del avance del islam, en detrimento de la dinastía Tang del llamado Imperio del Centro.

Cuando Trisong Detsen fue entronizado al frente de un floreciente Imperio tibetano en el año 755, China cedió, por una parte, a la presión de los árabes, que recuperaron el control de las vías comerciales al oeste y, por otra, a la de los tibetanos, tanto al norte como al sur de la meseta.

Durante los años siguientes, y hasta la retirada del poder de Trisong Detsen en el 797, el Imperio tibetano no cesaría de extenderse y reforzar su potencia, gracias a las alianzas y a los tratados firmados con unos y otros —pero también debido a algunos subterfugios y afrentas memorables tanto para sus aliados como para sus enemigos—. En su momento álgido, nada parecía que pudiera hacerle sombra; se extendía hasta el oeste del Gansu (actual) y las estribaciones de los montes de Sichuan.

Sin embargo, desde hacía ya varias décadas, estaba creciendo en él un germen que parecía esperar su momento: la emergencia de un poder religioso que derribaría siglos de lenta edificación nacional para llevar a la fragmentación del Imperio tibetano.

La evolución religiosa del Tíbet

En las altas tierras del denominado *techo del mundo*, se vive más cerca del cielo que en cualquier otro lugar del planeta. Los elementos naturales desempeñan aquí un papel preponderante y, por consiguiente, gozan de una definición particular. Esto explica en parte por qué, desde la antigüedad, la fe y las creencias han arraigado tan profundamente en el alma tibetana.

Los mitos y las leyendas conviven en el origen para dar un significado a todo, a cada instante, a los hechos más importantes de la vida cotidiana. Las prácticas mágicas ancestrales pronto se ven reemplazadas por ritos similares a un sistema estructurado, que establece el marco de una religión de pleno derecho denominada *bön*.

Los dioses son las figuras emblemáticas de esta clase de religión, y cada uno de ellos se encarna en un señor. La sociedad, por tanto, está compuesta por dioses encarnados y hombres; cuando estos últimos despiertan la furia de las deidades, el resultado es un castigo procedente de ellas que se traduce generalmente en una enfermedad o en un dolor en diferentes formas. Así pues, habrá que calmar a los dioses, que es lo que hacen los chamanes,[2] cuya función consiste en conducir a la «curación» mediante rituales, exorcismos y sacrificios; sus oráculos, sus cantos, sus ofrendas, su elevación mística y mágica con acentos de brujería pretenden identificar el mal y capturar a los demonios para restablecer finalmente el equilibrio y la armonía entre el mundo real y el «otro mundo».

Todavía hoy en algunos valles tibetanos, numerosos cuentos y enigmas, mezclados permanentemente, delimitan y mantienen una tradición espiritual que deja entrever aquí y allá, además de los preceptos locales, antiguas fuentes místicas de origen indio e iraní. Las montañas, residencias de los dioses, son supuestamente los pilares del universo. El *bön*, fuertemente impregnado de animismo, es considerado entonces uno de los fundamentos de la sociedad tibetana. Los individuos invocan y consultan a los dioses, se prote-

---

2. Véase Bernard Baudouin, *Le Chamanisme, une médiation entre les mondes*, Éditions De Vecchi, París, 1999.

SONGTSEN GAMPO Y LA ENTRADA EN UNA NUEVA ERA

gen con amuletos, cumplen ritos propiciatorios para alejar el mal de sus viviendas, etc.

Habrá que esperar al reinado de Songtsen Gampo (618-649) para ver emerger, poco a poco, una nueva dimensión cultural y espiritual del Tíbet. Como monarca iluminado, será el primero en comprender la necesidad de abrir el país al mundo exterior, principalmente hacia la India y China, sus vecinos más cercanos, donde, apoyándose en la política de los «matrimonios de Estado», explotará una nueva energía para el altiplano tibetano.

Así es como la ley civil, el arte de la adivinación o la medicina procedente de China conseguirán enriquecer la cultura tibetana. Después llegarán otros saberes, desde la cría del gusano de seda o la creación de molinos de piedra hasta el empleo del papel y la tinta, sin olvidar las notorias influencias en el ámbito religioso, en particular las del taoísmo y el confucianismo.[3]

---

3. Véase Bernard Baudouin, *Le Confucianisme, une conception morale de la vie*, Éditions De Vecchi, París, 1995, y *Le Taoïsme, un principe d'harmonie*, Éditions De Vecchi, París, 1997.

Procedente de la India, Songtsen Gampo integró el sánscrito con un alfabeto; esta combinación, bajo la dinastía de los Gupta, dará origen a la escritura tibetana. Asimismo, se impregnó de una profunda cultura religiosa de los emisarios que traían del subcontinente indio una gran cantidad de textos sagrados, transcritos muy pronto al tibetano.

De los matrimonios chinos y nepaleses, el rey tibetano obtuvo los primeros elementos de lo que llegaría a ser la religión de su pueblo: el budismo. Cuando se casó en el año 635 con la princesa nepalesa Tritsun Bhrikuvi Devi, esta llevaba entre su equipaje una estatuilla de Buda y no cejó en su intento de convertir a quienes la rodeaban, empezando por el mismo Songtsen Gampo. El mismo fenómeno se repitió el año 641, cuando tomó como segunda esposa a la princesa china Wen Cheng, hija adoptiva del emperador Tai Tsung, ya que esta también llegó junto a su marido con una estatua de Buda, esta vez de oro, a modo de obsequio ofrecido al soberano tibetano por parte del que sería su suegro.

Songtsen Gampo era un monarca astuto y culto que hizo entrar al Tíbet en una era de unificación y alfabetización, además de asentar las bases de una sociedad futura enriquecida con múltiples aportaciones, introduciendo una nueva línea política, cultural y espiritual para las siguientes décadas.

Sin embargo, no sería realmente hasta un siglo más tarde cuando el Tíbet emprendería una vía religiosa original, con la llegada al trono del príncipe heredero Trisong Detsen.

TRISONG DETSEN Y LA INSTAURACIÓN DEL BUDISMO COMO RELIGIÓN OFICIAL

Con la sucesión del rey Tride Tsukren y la ascensión al trono en el año 755 de Trisong Detsen, se iniciaba para el Tíbet una era de realización y logros nunca antes alcanzada.

Tanto en el terreno político y cultural como en todo lo referente a la religión, su reinado contribuyó, durante más de cuarenta años (hasta el 797), a forjar para su país una identidad política, una estabilidad económica y una auténtica dimensión religiosa para los siglos futuros.

Bajo su reinado, el Tíbet amplió todavía más sus fronteras, hasta extenderse desde Afganistán hasta China oriental, las estribaciones del macizo de Altai en la India y Bengala.

Sin embargo, más allá de las conquistas materiales, probablemente fue en la esfera espiritual donde la acción de Trisong Detsen resultó más notable, por el simple hecho de que ofició definitivamente la introducción y la práctica del budismo en el altiplano tibetano.

Recordemos que el budismo había «entrado» en el Tíbet un siglo antes, mediante los matrimonios de Estado, aunque hasta ese momento no se había extendido más que entre los cortesanos y los militares de alto rango, situándose como una nueva religión que rivalizaba sin éxito con las ancestrales prácticas del *bön*.

Luego, los monjes budistas chinos, perseguidos en su país por los taoístas, se refugiaron en el Tíbet, aportando nuevos textos y contribuyendo a un mejor conocimiento de la filosofía de Buda, cuyas ideas empezaron entonces a abrirse camino por los valles del «techo del mundo».

La llegada de Trisong Detsen aceleró considerablemente este proceso de difusión. Consciente del hecho de que toda nueva práctica debe apoyarse en el conocimiento del saber de los antiguos, empezó por ordenar la traducción de numerosos textos considerados fundamentales del chino y del pali.

A continuación, envió emisarios para invitar a los grandes maestros del budismo a que acudieran a difundir sus enseñanzas entre los tibetanos. Varias eminencias indias abandonaron así la famosa Universidad de Nalanda para dirigirse al Tíbet, con resultados diversos, ya que la barrera que formaban las legendarias dureza y tosquedad del pueblo tibetano no fueron fáciles de atravesar. Esto fue superado por un maestro indiscutible que se impuso finalmente en toda su grandeza; se llamaba Padmasambhava y fue considerado entonces el padre espiritual del budismo tibetano.

Como buen diplomático, Trisong Detsen aprovechó la llegada del gran maestro para dar al budismo sus cartas de nobleza y reducir al mismo tiempo la oposición de una parte de la nobleza, partidaria de los chamanes de la religión *bön*.

De hecho, más allá de las disputas domésticas, en realidad el monarca tibetano percibía en los fundamentos del budismo una dimensión realmente universal, susceptible de unir a todos los hombres y las corrientes en una misma dinámica de realización y armonización. Como consecuencia de ello, Trisong Detsen proclamó el budismo como religión de Estado en el año 779 e invitó a los monjes a dirigirse a su país para divulgar el pensamiento budista. La acogida del pueblo fue más abierta que en el pasado, ya que los principios morales y la noción del karma —la relación causa-efecto para una vida futura— se avenían a los arcanos de la tradición popular tibetana.

La introducción del budismo en el Tíbet progresaba rápidamente, hasta el punto de que muy pronto aparecieron divergencias doctrinales entre los que conservaban la corriente originaria de China (la versión *tchan*, adepta a la «vía súbita» o acceso rápido a la santidad) y quienes defendían el budismo originario de la India (la «vía gradual», que aboga por la meditación a partir de los textos sagrados del tantrismo y concede mayor importancia a las buenas acciones).

Las luchas simbólicas se sucedieron y llevaron muy pronto a Trisong Detsen a volver a innovar: convocó un concilio interreligioso, celebrado entre los años 792 y 794 en Lhasa y Samyé, durante el cual las dos corrientes espirituales se enfrentaron en torneos oratorios en sánscrito y chino que se hicieron muy famosos. Finalmente, se produjo la victoria del budismo procedente de la India, lo que aceleró el regreso de los budistas chinos a su país.

Se superó otra importante fase cuando, para acabar con lo que consideraba los vestigios de la religión *bön*, Trisong Detsen convocó un nuevo concilio, que oponía esta vez a los defensores de esta corriente con los del budismo. Al término de esta nueva competición espiritual, la religión *bön* fue declarada herética, sus libros fueron arrojados a las aguas o enterrados, y sus sacerdotes y magos, obligados a exiliarse.

Aunque el *bön* siguió practicándose en muchos lugares, con una tolerancia tácita que permitía una transición religiosa «suave» que combinaba ambas corrientes espirituales, el budismo se consideraba ya la fe dominante en el altiplano tibetano y continuaría implantándose de forma duradera en todos los valles.

Del rechazo del budismo
al fin del Imperio tibetano

Paradójicamente, cuando los soberanos herederos de Trisong Detsen se sucedieron al frente del Tíbet, el impacto creciente del budismo tibetano engendró una multitud de reacciones que, con el paso del tiempo, acabarían con el equilibrio y la armonía potenciados por los maestros budistas.

Si bien en el ámbito político se había instaurado cierta estabilidad en las relaciones con China, principalmente con la firma, por parte de Tritsug Detsen Ralpachen, de un tratado de paz con el Imperio del Centro (821) —por el que cada una de las partes se comprometía a respetar los límites territoriales adquiridos hasta entonces—, el establecimiento de la nueva religión no se llevó a cabo sin choques ni resistencias.

Mientras que sus representantes se dedicaban poco a poco a la administración del reino, la nobleza y la aristocracia tibetanas permanecían muy vinculadas a la religión *bön*. Lo mismo ocurría en el seno del pueblo, donde nadie podía eliminar de golpe las creencias arraigadas en la memoria colectiva desde hacía siglos, y que, además, debían reemplazarse por una religión procedente del otro lado de las fronteras del Tíbet.

Así pues, surgió una oposición tenaz en distintos niveles de la sociedad tibetana, primero de forma larvada y luego cada vez más virulenta, sobre todo ante las donaciones y los privilegios concedidos a los budistas. El paroxismo se aceleró cuando el rey, convertido en monje budista, fue asesinado; posteriormente su hijo mayor, Tsangma, también un ferviente budista, fue expulsado del país.

En ese momento, entró en escena el segundo hijo de Tritsug Detsen Ralpachen, Langdarma, y accedió al trono (838). Sin que se sepa realmente si era sincero o si estaba controlado por los chamanes de la antigua religión, el nuevo señor del Tíbet decidió volver a las prácticas ancestrales y se lanzó a una despiadada represión de los budistas de todo tipo. Los consejeros del emperador fueron asesinados; los monjes, expulsados u obligados a renunciar a su fe; los templos, destruidos, y los textos sagrados, quemados. Al finalizar esta represión sólo sobrevivían algunos monasterios de difícil acceso, transformados ahora en fortalezas inexpugnables.

La evolución religiosa del Tíbet

En un universo en que el sentimiento religioso era omnipresente, la oposición religiosa y la política estaban inextricablemente relacionadas. Cuando Langdarma pagó su decisión con su vida —fue asesinado por un monje en el 842—, la historia del Tíbet se sumió en un periodo oscuro, en el que el Imperio se fracturó y perdió muchas de las bazas que constituían por entonces su grandeza.

Las revueltas internas tenían lugar en todas partes y debilitaban cada día un poco más el imperio; asimismo, aceleraron la desaparición de la mayoría de los principados que habían constituido originariamente la identidad geográfica del Tíbet.

No se necesitaba más para avivar las veleidades belicosas de los vecinos del altiplano, los cuales no habían olvidado los feroces ataques de los guerreros tibetanos, que habían sembrado el terror durante varios siglos. Así pues, se dispusieron a asestar golpes temibles al imperio: chinos, turcos y uigures se dedicaron a arrebatar parcelas de territorio del difunto imperio y redujeron notablemente su extensión.

Durante casi un siglo y medio, la evolución del Tíbet se puede resumir en el regreso a un oscurantismo medieval, alimentado de creencias primitivas, influencias tribales y fuerzas guerreras, cuyo único objetivo era la satisfacción de las necesidades más inmediatas.

El renacimiento del budismo y de la civilización tibetana

Habrá que esperar al siglo XI para ver el inicio de la recuperación del Tíbet y apreciar los primeros signos de una auténtica renovación.

Desde mediados del siglo X, los primeros rasgos de un retorno a una espiritualidad más profunda empezaron a aparecer con fuerza. Mientras todos los valores budistas parecían perdidos y devastados, algunos grandes colegios monásticos empezaron a cumplir la función de refugios de la cultura budista. Si bien muchos monjes y sacerdotes habían sido asesinados o habían colgado los hábitos, e incluso algunos se habían convertido en bandidos, salteadores o mercenarios, otros aprovecharon la carta de esta detención del tiempo y de la espiritualidad oficial para replegarse en una ferviente fe detrás de los altos muros de los pocos monasterios que aún existían.

Así fue como, durante la segunda mitad del siglo X, cuando el maestro budista Rinchen Sangpo se dirigió a la India para traer nuevamente los textos sagrados, la actividad intelectual de los tibetanos impregnados con las enseñanzas de Buda halló un segundo aliento.

Sin embargo, no fue hasta el siglo XI cuando la renovación tomó realmente impulso, exactamente en el año 1042, en el momento en que el maestro bengalí Atisha llegó al altiplano tibetano, en respuesta a la invitación de Yeshe O, el monarca de la zona

Lo que sólo parecía un encuentro y un intercambio ceremonioso más entre un líder temporal y un maestro espiritual, acabaría cambiando para siempre la orientación del Tíbet, propiciando de hecho el resurgimiento del budismo tibetano.

Atisha, cuyo nombre original era Dipamkara Shrijnana, era un maestro indio originario de Cachemira, que hasta entonces ofrecía sus enseñanzas en la universidad monástica de Vikramashila, en la provincia de Bihar. Estudió ampliamente el budismo según distintos enfoques, incluyendo, por supuesto, el Hinayana y el Mahayana, pero también las prácticas tántricas de los siddhas y de los yoguis de diferentes regiones de la India, así como numerosas formas de meditación.

Atisha llegó al Tíbet acompañado de una veintena de discípulos (entre veinte y veinticuatro, según los testigos), todos ellos ejemplos vivientes de los beneficios de una práctica sencilla y rigurosa. A modo de ejemplo: «Para conservar en el espíritu la inestabilidad del mundo fenomenal, algunos de ellos tenían la costumbre de dejar cada noche que el fuego se extinguiera y de doblar sus ropas como si fueran a morir».[4]

Desde su llegada, el maestro indio ofreció sus enseñanzas en varios valles occidentales del Tíbet y no se instalaría en el centro del país hasta cuatro años más tarde. Mientras tanto, Atisha insufló una nueva dinámica al budismo, que se encontraba bastante agotado. Recuperó una serie de tratados originales que habían escapado a las represiones chinas, e incluso el manuscrito del testamento de Songtsen Gampo.

En definitiva, se trató de una auténtica eclosión en el altiplano tibetano del budismo, el cual accedió a una madurez específica adoptando un rito propiamente tibetano, que mezclaba los preceptos del budismo esotérico (tantrismo) con los tradicionales del animismo tibetano ancestral.

En 1056, dos años después de la muerte de Atisha, el lama Domton, que por otra parte fue el fundador del prestigioso monasterio de Reting, instituyó la orden de los kadampa; tres siglos más tarde, se asociaría a ella la orden de los gelugpa, que reúne a los denominados *gorros amarillos*, de cuyo rango saldrán los dalái lamas y los panchen lamas.

---

4. Laurent Deshayes, *Histoire du Tibet*, Fayard, París, 1997.

La evolución religiosa del Tíbet

La entrada en el segundo milenio fue testigo de la conquista del norte de la India por parte de los musulmanes, con el soberano afgano Mahmad Ghazni al frente, lo que inauguraba un periodo de islamización radical que, paradójicamente, enriquecería al Tíbet.

Y es que, al ver sus universidades y monasterios destruidos, los maestros budistas no tendrán más salida que huir y, naturalmente, se les acogerá en el Tíbet. De este modo, al cabo de unos años, una nueva oleada migratoria de algunos dignatarios budistas procedentes de la India sellará definitivamente el destino espiritual del altiplano tibetano, que, de hecho, se convertirá en pocas décadas en el centro del budismo en el exilio.

De la eclosión de los linajes espirituales a la invasión mongola

La aportación de los maestros budistas a las alturas del Tíbet fue, a la vez, el símbolo de una aventura humana y el reflejo de una efervescencia religiosa sin precedentes.

Gracias a estos hombres portadores de conocimientos, prácticas y rituales diferentes, una multitud de matices del budismo indio penetró en el suelo tibetano.

Verdades sobre el Tíbet, los dalái lamas y el budismo

Muy pronto, en tan sólo unos años, todo ello tuvo como resultado la constitución de auténticas «familias espirituales» que darían origen, a su vez, a grandes linajes religiosos.

La llegada de grandes personajes expulsados de la vecina India, a menudo acompañados por algunos discípulos, conllevó la edificación de nuevos monasterios, que, a su vez, no tardaron en tejer lazos con los lugares de plegaria y de culto hasta crear verdaderas «redes» de influencia espiritual.

La consecuencia de ello fue una multiplicación de los centros, a partir de los cuales se irradiaría con fuerza y dinamismo el budismo tibetano, lo cual acabaría generando algunos problemas. En realidad, todo monasterio que ofrecía una enseñanza espiritual asumía de facto una forma de poder que contribuía, en cierto modo, a «diluir» la influencia del poder político central del Tíbet, que empezó a mostrar signos de debilitamiento.

Mientras los grandes maestros se encontraban y se sucedían en suelo tibetano —como Dogmi (992-1074), Marpa (1012-1096), Milarepa (1040-1123), Gampopa (1079-1153), Phagmodu (1118-1170), Buton (1290-1364)—, los reyes y los principales líderes políticos del país perdían poco a poco su carisma y su influencia. La renovación del Tíbet pasó de religiosa y cultural a realizarse en las esferas políticas, económicas y militares, a fin de diseñar los contornos de una sociedad en plena mutación, intensamente impregnada de espiritualidad. Emergió una nueva generación de líderes, surgidos en su mayoría de grandes familias en cuyo seno se desarrollaban los poderes eclesiásticos de primera fila.

Las castas de los sakyapa, los phagmodu, los tsal, los talung, los drigung y muchas otras se dedicaron desde ese momento a imponerse mediante un dinamismo y un fervor religioso constantemente reafirmados, atrayendo a maestros originarios de la India y formando a numerosos discípulos; construyendo monasterios y fundando comunidades. Se relacionaban con diferentes órdenes eclesiásticas, como las de los kadampa o los kagyupa, subdivididos ellos mismos en escuelas específicas, a imagen de la de los karma, formada por maestros nyingmapa y karmapa.

Fue así, principalmente, como en el año 1147 un discípulo de Milarepa creó la orden de los karmapa —también llamada *karma-kagyupa*—, que se encuentra en el origen de la elección del líder espiritual mediante un sistema que, basado en la reencarnación —el principio considerado posteriormente para la designación de un nuevo dalái lama—, marcaría de manera singular y durante los siguientes siglos la religión tibetana.

De este florecimiento de monasterios y centros espirituales, en una increíble efervescencia de rituales y prácticas, nació una nueva organización de la vida tibetana, que vio cómo el poder económico y político pasaba de los principados a los centros monásticos; estos, organizados en redes en función de la filiación en que se reconocían, se convirtieron entonces en mucho más que simples lugares de plegaria.

En otras palabras, los poseedores del poder espiritual extendieron su influencia hasta el temporal. Esto se convirtió en algo mucho más sencillo cuando la sucesión tendió a una transmisión entre tío y sobrino, lo cual aseguraba la total perennidad del linaje espiritual y de los asuntos corrientes.

La instauración de los *tulku*[5] como modo de designación de los sucesores —basado en la

---

5. «Según los textos canónicos, el estado de Buda es un estado en que el espíritu está "más allá de la existencia condicionada *(samsara)* y de la extinción de todos los sufrimientos *(nirvana)*". Los budistas distinguen en él tres aspectos, denominados *tres cuerpos (trikaya)*: el primero, el *cuerpo absoluto (dharmakaya)*, designa la vacuidad del espíritu; el segundo, o *cuerpo de goce (samboghakaya)*, corresponde a su luminosidad intrínseca; el tercer cuerpo, el *cuerpo de emanación (nirmanakaya)*, o *tulku* en tibetano, constituye su dimensión altruista, abierta a cualquier manifestación, sin discriminaciones. Los grandes maestros espirituales del Tíbet enseguida fueron percibidos como *tulku*, cuya única presencia se suponía que manifestaba una de las facetas del espíritu llegado a su plena pureza» (Laurent Deshayes, *op. cit.*).

reencarnación— garantizaba, en principio, la perpetuación espiritual evitando que un clan conservase eternamente el poder; sin embargo, como contrapartida, daba lugar a luchas por la influencia y el reparto de la autoridad.

Pronto se planteó un problema mayor: ¿quién gozaba del poder entre la muerte de un *tulku* y la designación de su sucesor? La escuela de los karmapa resolvió este difícil obstáculo instituyendo el principio de una regencia; el alto dignatario asumía el poder, además de la misión de encontrar al nuevo *tulku*. Finalmente, la sucesión del líder de los linajes espirituales por designación de un *tulku* se generalizaría en casi todos los centros monásticos.

En el umbral del siglo XIII, a medida que el budismo se implantaba en el suelo tibetano hasta el punto de definir las bases de una sociedad nueva, los tibetanos, al mismo tiempo que concedían a los religiosos un poder temporal, pasaban a otorgar una esencia espiritual al recuerdo de sus antiguos monarcas. Estos últimos fueron considerados desde entonces —a posteriori— como las emanaciones y las múltiples representaciones de una única presencia espiritual: la del bodhisattva Avalokiteshvara, que, a partir de ese momento, todos considerarían como el santo patrón del Tíbet.

El budismo bajo la influencia mongola

Mientras el Tíbet encontraba una forma de equilibrio que tendía a armonizar sus múltiples componentes a medida que el budismo alcanzaba todas las esferas de la sociedad, más allá de las fronteras del altiplano tibetano el mundo estaba cambiando.

A finales del siglo XII, el islam invadía el norte de la India. Un Estado musulmán había puesto fin a las prerrogativas de los budistas indios; Nalanda, la famosa universidad, fue destruida en el año 1199, lo que obligó a los grandes maestros a refugiarse en el Nepal y el Tíbet.

Dominadores y temibles, los ejércitos turcos del sultán Ikhtyar Uddin prosiguieron su avance. En el año 1205 se lanzaron a la conquista del Tíbet, pero los rigores del clima y las altas cumbres del Himalaya pudieron más que su ardor guerrero. Como un refugiado en el corazón de las montañas, el Tíbet escapó al furor de los invasores meridionales.

En cambio, ninguna barrera natural protegía al país por el norte. Y, finalmente, fue de allí de donde llegó el peligro, bajo la forma de las hordas de los jinetes mongoles, que en el año 1206 habían adoptado a Gengis Khan como soberano.

La evolución religiosa del Tíbet

Los principales líderes tibetanos fueron claramente conscientes de que la amenaza era tan real y la relación de fuerzas tan desigual, que cualquier resistencia a las veleidades expansionistas de los mongoles hubiera sido puramente ilusoria. Por tanto, se enviaron delegaciones con el propósito de granjearse los favores —hubo quien hablaría de negociar un juramento de fidelidad o, incluso, de sumisión— de aquel que la historia recuerda como uno de los mayores y más temibles conquistadores de todos los tiempos.

Finalmente, fue un lama de la orden de los karmapa, Tsangpa Dungkhurba, quien consiguió en 1227, año de la muerte de Gengis Khan, «arrancar» de los mongoles un edicto de tolerancia con el budismo en el Tíbet. Fortalecidos con esta inesperada ventaja, los tibetanos se dedicaron a partir de ese momento a mantener buenas relaciones con el Imperio mongol.

A partir de esta época, los maestros del budismo tibetano reafirmaron su subordinación a los sucesores de Gengis Khan, primero a su hijo mayor Mongke y, más tarde, al temible Kublai Khan.

Con el paso de las décadas, en función de las relaciones personales y de las actitudes más o menos sumisas de los lamas hacia ellos, los reyes mongoles concederían su favor a diferentes linajes espirituales y designarían así alternativamente a sus interlocutores privilegiados entre los karmapa, los sakyapa y, luego, los phagmodu.

Así, el gran maestro Sakya Pandita Kunga Gyaltsen (1182-1251) fue al encuentro de los nietos de Gengis Khan, Guyuk y Godan, en el año 1247, para renovar los acuerdos del pasado.

Ghogyal Phagda (1235-1280), de la casta de los sakyapa, fue convocado en varias ocasiones por Kublai Khan, antes y después de que este último fuera nombrado emperador de China en el año 1260. Recibió un soberbio título honorífico —Noble Preceptor Imperial, doctor en los Cinco Dominios del Conocimiento— y, sobre todo, el derecho a gobernar las provincias tibetanas, que entonces eran trece. A partir de ese momento, Ghogyal Phagda y la casta de los sakyapa conducirían al Tíbet por una vía de unidad y prosperidad, bajo la batuta de un poder a la vez religioso y político —el rey estaba oficialmente bajo la autoridad de los sakyapa— que se extendería durante casi un siglo.

Luego le tocaría a la casta de los karmapa recibir los favores del Imperio mongol durante casi un siglo, exactamente de 1349 a 1435.

Sin embargo, mientras tanto, nacía en 1357 en el altiplano tibetano un hombre que iba a dar al Tíbet una dimensión distinta: su nombre era Tsongkhapa, e inició la casta de los dalái lamas.

Segunda parte

Los catorce
Dalái Lamas

Cronología de los dalái lamas

1. Gendun Drub (1391-1475)
2. Gyalwa Gendun Gyatso (1475-1542)
3. Gyalwa Sonam Gyatso (1543-1588)
4. Yonten Gyatso (1589-1617)
5. Ngawang Lobsang Gyatso (1617-1682)
6. Rigdzin Tsangyang Gyatso (1683-1706)
7. Lobsang Kelsang Gyatso (1708-1757)
8. Jampel Gyatso (1758-1804)
9. Lungtok Gyatso (1806-1815)
10. Lobsang Tsultrim Gyatso (1816-1837)
11. Lobsang Khedrup Gyatso (1838-1856)
12. Lobsang Trinley Gyatso (1856-1875)
13. Lobsang Thubten Gyatso (1876-1933)
14. Jampel Ngawang Lobsang Yeshe Tenzin Gyatso (6 de julio de 1935)

Con el paso de los siglos, la religión tradicional *bön* ha ido dejando sitio a otra forma de espiritualidad. Las grandes aportaciones provenientes de lo más profundo de la India han alimentado algo que ha acabado siendo más una filosofía vital que un dogma.

En la estricta línea del Buda histórico Çakyâmuni y de sus preceptos, que se basan en los fundamentos esenciales del Hinayana y del Mahayana —el «Pequeño Vehículo» y el «Gran Vehículo»—, el budismo tibetano ha encontrado una vía propia y ha impuesto su visión del mundo en el Vajrayana o «Vehículo de Diamante».

Con la renuncia a los ritos ancestrales relacionados con una multitud de divinidades, el budismo abandonó pronto cualquier vínculo que uniera al hombre con una fuerza superior, fuera del tipo que fuera, y se apartó irremediablemente de la idea de dios para consagrarse a la percepción y la eliminación del sufrimiento humano.

El budismo tibetano, apoyándose en la ética del Hinayana y el altruismo del Mahayana, ha conservado —«asimilado»— ciertas prácticas adivinatorias, astrológicas y mágicas, pero sobre todo ha desarrollado una escuela de pensamiento y una mística originales, que ha encontrado en la meseta tibetana un desarrollo idóneo.

El budismo tibetano, impregnado de los ritos y las enseñanzas de los tantras, se desarrolló en tantas familias espirituales y órdenes como el alma tibetana, ávida de espiritualidad, podía crear, y encontró su concreción en una gran cantidad de escuelas y de monasterios cuyo objetivo es llevar a los hombres a la salvación suprema, fundiéndose muy profundamente en la cultura ancestral del Tíbet.

Conocido también con el nombre de *budismo esotérico*, ha elaborado una serie de rituales destinados a identificar las causas del sufrimiento humano y los medios para lograr que este cese.

Esta visión del mundo, esta filosofía vital, tuvo una especial resonancia en el advenimiento de un linaje de seres excepcionales, llamados a convertir en comprensibles para los hombres los arcanos de una vida espiritual eminentemente humanista y despojada de artificios religiosos: los dalái lamas.

El nacimiento de un linaje

Quien iba a reformar el budismo tibetano y llevarlo con resolución por una vía de modernidad nació en el norte del Tíbet, no lejos del lago Kokonor, en al año 1357.

Muy pronto, Tsongkhapa (1357-1419) demostró tener claras aptitudes para el estudio y la espiritualidad. Su sed de conocimientos lo llevó rápidamente a convertirse en monje y a viajar después por diversos monasterios, impregnándose de todos los saberes de los diferentes linajes religiosos del altiplano tibetano. Y fue finalmente en la orden de los kadampa donde encontró el eco que se correspondía mejor con su búsqueda mística.

Sus predisposiciones lo llevarían a ser reconocido como un erudito y un hombre de gran saber. Aprovechó un retiro en un monasterio de Raceng, de 1402 a 1405, para elaborar una síntesis de la doctrina budista tibetana, en la que principalmente recomendaba una reforma de la vida monástica, que deseaba que fuera más rigurosa.

Al final, Tsongkhapa postuló la creación de un nuevo orden espiritual, que adoptó inicialmente la denominación de *nuevo kadampa*, dentro del cual decretó ciertas reglas nuevas de vida; incluyó en los monasterios la soltería, el régimen vegetariano, la abstinencia del alcohol y el voto de pobreza.

La orden adoptó pronto otra denominación y pasó a ser la orden de los gelugpa («modelos de virtud»); fue con este nombre con el que su fama empezó a extenderse y, pronto, Tsongkhapa fue invitado por el emperador de China, en 1408.

El color de sus gorros les valió a los gelugpa la denominación de *gorros amarillos*, en oposición a los colores de las órdenes más antiguas. Sin embargo, lo que principalmente les distinguiría sobre el resto de las familias espirituales tibetanas era que de sus filas saldría la casta de los dalái lamas.

Durante los siguientes años, los gelugpa superaron a las demás familias espirituales del Tíbet, tanto en el ámbito religioso como en el político. Sería esta orden la que fundaría varios de los principales monasterios tibetanos, entre los que pronto se encontrarían Ganden, Drepung y Sera.

El nacimiento de un linaje

En este contexto se sucederían a partir de entonces algunos de los más eminentes maestros espirituales del Tíbet, aunque la denominación de dalái lama no les sería concedida por el khan mongol Altan Chagan hasta 1578. En efecto, fue tras el encuentro entre Sonam Gyatso y el príncipe mongol, cuando este dio a su venerado visitante el título de *Talai*, que significa «océano» en lengua mongola, el equivalente a la palabra *Gyatso* en tibetano. A partir de esta época, el uso haría que se denominara *dalái lama* al más alto dignatario espiritual tibetano.

Honrado con esta distinción, Sonam Gyatso vinculó este honor a sus dos predecesores, de los cuales él se consideraba la reencarnación, es decir, Gendun Drub y Gyalwa Gendun Gyatso; así se instauró oficialmente el inicio de la casta de los dalái lamas.

Gendun Drub, el primer dalái lama

El que sería considerado posteriormente como el primer dalái lama nació en 1391 en una modesta familia de la provincia de Tsang, con el nombre de Padma Dorjé.

La práctica según la cual se designaría al dalái lama en virtud del principio de la reencarnación de su predecesor espiritual —como había iniciado la instauración de los *tulku* a partir del siglo XII— no le fue aplicada.

Sin embargo, más allá de la leyenda que envolvería su nacimiento de señales divinas, el joven tibetano mostró desde muy pronto una evidente disposición. Tras la muerte de su padre, cuando él contaba sólo siete años, entró en el monasterio de Nathang, dirigido entonces por un conocido de su familia; allí fue rápidamente considerado como un ser dotado de unas capacidades intelectuales y espirituales totalmente fuera de lo común.

Durante los siguientes años, fue ascendiendo uno a uno los escalones propios de la formación espiritual dentro del monasterio. Se inició en las prácticas y los rituales del budismo tibetano, y estudió ampliamente los textos sagrados, así como las disciplinas artísticas que tenían alguna clase de relación con ellos, como la caligrafía, la pintura o la estampación.

Finalmente, fue ordenado monje a la edad de quince años y recibió entonces un nuevo nombre, tal como era costumbre. A partir de ese momento se llamó Gendun Drub.

De 1406 a 1411 enriqueció todavía más su saber: aprendió a conocer mejor a Buda y sus preceptos de sabiduría, se impregnó de una gran cantidad de prácticas y rituales, y empezó a formar a

El nacimiento de un linaje

discípulos principiantes. Apenas tenía veinte años cuando se integró definitivamente en la orden monástica.

Gendun Drub dedicó desde entonces su existencia a emprender un camino de sabiduría y budismo; estudió los fundamentos del budismo Mahayana, y se afanó en desarrollar cada día más el ideal de amor y compasión. En cualquier circunstancia, el maestro profundizaba en la naturaleza espiritual de los seres y de los acontecimientos, y se despegaba proporcionalmente de los asuntos materiales y del poder temporal.

Su proceso espiritual lo llevó a privilegiar el estudio de los sutras y las técnicas de meditación. También se dedicó a largas sesiones de debate entre monjes, de las que emanaban profundas reflexiones; con ellas desarrolló un aguzado sentido de la escucha y del respeto de las opiniones diferentes, trabajando sin tregua para alejar toda autosatisfacción o resto de egoísmo en sus actos y palabras. Los testimonios de quienes lo trataron lo describen como un modelo de humildad y de benevolencia con respecto a su prójimo.

Dejando a un lado todo poder temporal, Gendun Drub dedicó su existencia a la espiritualidad, al anclaje y a la perpetuación del budismo en el alma de todos los seres vivos. Se mantuvo así alejado de las luchas por la influencia y de las rivalidades de poder en las esferas dirigentes laicas del Tíbet, y se decantó por velar por la preservación de los monasterios y de la vida espiritual que se desarrollaba en ellos, lo que, en definitiva, repercutía en el conjunto de la sociedad tibetana.

Asimismo, fue el fundador de uno de los lugares de plegaria más prestigiosos del Tíbet: el monasterio de Tashilhunpo. Iniciadas en 1447, las obras de este recinto finalizaron quince años más tarde para ofrecer al pueblo tibetano una joya arquitectónica dedicada a la espiritualidad más depurada. El monasterio se convirtió también en un destacado lugar de divulgación del ideal budista, ya que Gendun Drub consideraba fundamental la necesidad de transmitir los preceptos dictados por Buda bajo unas formas accesibles a los conocimientos de las personas.

Así, además de la enseñanza oral que llevaría a los discípulos por la vía del Despertar, creó en Tashilhunpo un taller de imprenta, que pronto se dedicó a reproducir y divulgar los textos sagrados, principalmente el Kangyur y el Tengyur —según la traducción del texto original sánscrito—, considerados como las dos fuentes fundamentales de las sagradas escrituras tibetanas.

Según la lógica, y como una justa prolongación de sus enseñanzas orales, Gendun Drub se convirtió también en uno de los autores impresos: co-

El nacimiento de un linaje

mentaba abundantemente los textos sagrados, además de escribir ensayos, oraciones y poemas. En este sentido fue un innovador, cuyo modelo siguieron todos los dalái lamas, que por sus numerosos escritos serán a la vez altos iniciados y predicadores iluminados.

Fortalecido por su gran saber y sus múltiples experiencias, pero guiado también por numerosas «visiones» y abundantes signos del camino a seguir, Gendun Drub no dejó nunca, a lo largo de su existencia, de formar a una gran cantidad de discípulos, desarrollando centros de enseñanza y recorriendo los lugares espirituales más destacados del Tíbet, con el propósito de insuflar con fervor su fe en los preceptos de Buda.

De regreso a Tashilhunpo, después de haber entregado las llaves del monasterio a los grandes maestros que lo rodeaban, la vida del que está considerado el primer dalái lama se apagó en enero de 1475,[6] tras una última sesión de meditación.

Después de ser venerado durante más de un año por los monjes y los peregrinos procedentes de todo el Tíbet, fue inhumado finalmente en Tashilhunpo, en una *stupa* de plata.

---

6. Las diferencias en las fechas, relativas a las diferencias de transcripción con el calendario tibetano, llevan a algunos a decidirse más bien por finales de 1474.

GYALWA GENDUN GYATSO, EL SEGUNDO DALÁI LAMA

Mientras que el primer dalái lama, en cierto modo, se impuso por sus predisposiciones, visiones y naturaleza profundamente espiritual, las cosas fueron muy diferentes para su sucesor. Desde el final de las ceremonias que rodearon la muerte de Gendun Drub, los monjes de Tashilhunpo adoptaron como propia la tradición iniciada por los karmapa hacía ya varios siglos y se dedicaron a una búsqueda metódica de la reencarnación del dirigente espiritual del Tíbet.

Una delegación compuesta por grandes maestros emprendió una búsqueda para intentar localizar al futuro dalái lama. Para ello, los religiosos dedicados a esta ardua tarea estudiaron todos los signos que anunciaban la llegada de este jefe espiritual en las escrituras sagradas, las profecías o algunas visiones aparecidas durante meditaciones profundas; asimismo, y con mayor minuciosidad, se interesaron por los relatos y los rumores portados por los viajeros y los peregrinos que recorrían el Tíbet, esperando obtener así alguna clase de información sobre un niño «que no fuese como los demás».

La búsqueda de los monjes de Tashilhunpo se intensificó durante semanas, incluso meses, pero

El nacimiento de un linaje

los religiosos no cedieron a la impaciencia ni al desaliento. Sabían de antemano que su búsqueda tendría sus frutos; sólo había que esperar y estar alerta al momento de la revelación. Finalmente, esta tuvo lugar al cabo de diez meses de investigaciones tras el fallecimiento del primer dalái lama, cuando se obtuvo información sobre un pueblo llamado Tanak Dorjé Den. Varias fuentes de la región hablaban de fenómenos extraños y nada habituales que habían rodeado el nacimiento de un niño hacía poco tiempo. Algunos veían en ello signos anunciadores; otros, prodigios; pero, más allá de las diferentes interpretaciones, todos coincidían en reconocer el carácter extraordinario del ser con el que estaban relacionados.

La delegación de Tashilhunpo desplazada hasta el lugar constató que, efectivamente, desde el principio, la llegada al mundo del niño en cuestión parecía haber ido acompañada de una serie de hechos insólitos.

Sus padres, unos nobles instruidos en las escrituras sagradas y fervientes practicantes budistas, habían tenido, tras la concepción del niño, visiones del anterior dalái lama y de las escrituras doradas que rodeaban al feto. Unos meses más tarde había tenido lugar el parto, aparentemente sin ningún tipo de dolor; los relatos de los testigos hablaban del «cuerpo del recién nacido, claro como el cristal y rodeado de un halo de luz».

Durante los días y las semanas que siguieron, los investigadores multiplicaron sus estudios y las comprobaciones de todo tipo. Así se enteraron de que el niño, desde que había empezado a hablar, se había referido al monasterio de Tashilhunpo, evocando con frecuencia una existencia pasada: «Tras mi muerte, al término de mi vida anterior, mi cuerpo fue embalsamado. El bodhisattva de la Sabiduría, Mahakala, vino a abrir el sudario y me llevó con él. Me llevó al encuentro del Buda Maitreya, de Atisha y sus discípulos, y de Tsongkhapa. Este me dijo: "Todas tus actividades estarán dedicadas al Dharma para beneficio del mundo entero"».[7]

La suma de todos los datos recogidos hizo que, finalmente, los monjes de Tashilhunpo llegaran a la conclusión de que su búsqueda había finalizado: el niño que tenían delante, al cual habían concedido la máxima atención, era, efectivamente, la reencarnación de Gendun Drub.

Con esta certeza, los miembros de la delegación consiguieron conducir al niño hasta el monasterio, donde el pequeño reconoció, sin el menor error, el

---

7. Roland Barraux, *op. cit*.

El nacimiento de un linaje

sillón del anterior daláilama, en el que afirmaba haberse sentado a menudo; además, llamó por su nombre a algunos de los monjes presentes en aquel momento. Si quedaba todavía la menor duda, esta se desvaneció definitivamente.

A partir de ese día, el nuevo daláilama llevaría una existencia normal en el seno de su familia, aunque rodeado de una serie de atenciones particulares debidas a su rango espiritual. A la edad de once años, entró en el monasterio de Tashilhunpo y se convirtió en novicio, y adoptó desde entonces el nombre de Gendun Gyatso.

Después, según pasaban los años, el joven daláilama fue iniciado en los principios de la más alta espiritualidad tibetana, estudió los textos sagrados, y recibió numerosas enseñanzas del budismo tibetano y de otros ámbitos anexos, como la filosofía o las ciencias más modernas emergentes en la época. Al mismo tiempo, integró uno a uno los preceptos de Buda en materia de compasión y de abnegación con los demás, afirmando claramente su objetivo de servir a su prójimo.

Sus preceptores reconocieron unas facultades y una capacidad de aprendizaje completamente excepcionales. Se creía que era capaz de memorizar textos en un tiempo muy breve, una tarea para la que otros tardaban días enteros. Asimismo, se reveló muy dotado para la escritura, aunque de momento se limitaba a las grandes líneas de la composición poética.

Prosiguió sus estudios en el monasterio de Drepung, donde superó varias etapas, y se inició en los misterios del budismo tántrico del Vajrayana, el «vehículo de diamante». A partir de entonces se enriqueció con nuevos rituales y prácticas que perfilaron todavía más su búsqueda de sabiduría y serenidad.

Cuando finalmente fue ordenado monje, Gendun Gyatso accedió a otros niveles de conciencia después de varios retiros sucesivos. Hasta su regreso a la comunidad no asumió plenamente el papel que le pertenecía: aunque no dejó de estudiar y avanzar por la vía del Despertar, empezó a enseñar y transmitir su inmenso saber, por lo que viajó como un peregrino por diversos monasterios.

A lo largo de su periplo, se cruzó de nuevo con su padre, con quien tuvo un agradable encuentro, y luego alcanzó las orillas del Lhamoi-Larso —el famoso lago sagrado llamado también *lago de las Visiones*—, al que desde entonces irían los monjes para observar los signos premonitorios del futuro, principalmente con relación a la reencarnación de los nuevos dalái lamas. Allí fue donde Gendun Gyatso mandó erigir uno de los lugares de culto más prestigiosos del Tíbet: el monasterio de Chokhorgyal.

El nacimiento de un linaje

Mientras el nuevo dalái lama se dedicaba a difundir y extender el conocimiento y la práctica del budismo tibetano, aumentando notablemente el número de monasterios, la nación del Tíbet tuvo que sufrir los avatares de un poder temporal lleno de sobresaltos. Las luchas por la influencia, y las rivalidades entre los clanes y las familias dirigentes desembocaban en continuos conflictos entre facciones que no llegaban nunca a entenderse para dirigir el país, y el poder real pasaba de mano en mano sin gran coherencia ni muestras de estabilidad ni seguridad.

Mientras el poder espiritual evolucionaba en perfecta armonía con unas reglas serenas, el poder temporal de la época estaba en continuo desorden, incluso en una cierta anarquía. Por su parte, el dalái lama no se impuso en ningún campo político: se apartó de cualquier posible implicación y se limitó a fortalecer la posición espiritual preponderante de la casta de los gelugpa frente a otras órdenes monásticas, aun cuando tenía que arbitrar entre ellas en algunos casos: «Las cosas llegaron muy lejos, porque la orden de los karmapa, la rama fundada en el año 1147 por Dosum Khyenpa y derivada de la escuela más antigua de los kagyupa, pretendía recuperar el Monlam Chenmo, el gran festival de plegarias del primer mes lunar [...] que, sin embargo, había sido instituido por Tsongkhapa; los "gorros amarillos" fueron desterrados por ello bajo pena de prisión y de muerte, una situación que duró casi veinte años. Bajo el impulso de Gendun Gyatso, los monasterios de Sera y de Drepung constituyeron un comité de monjes, y se restableció la participación de todos en el gran festival, gracias a la contribución del que debía ser reconocido como el segundo dalái lama, quien aseguraría las sagradas escrituras».[8]

Otras oposiciones religiosas alteraron esos tiempos difíciles, como la lucha entre los poseedores de los sutras —entre los que se encontraban los gelugpa— y quienes preconizaban hacer referencia a la tradición de los tantras (surgida de los sakyapa); estos últimos, además de imponer los valores del tantrismo, intentaban hacer valer su influencia sobre el poder político y temporal. De nuevo, el dalái lama, como un auténtico visionario del futuro del Tíbet, demostró poseer una gran clarividencia y consiguió fusionar ambas corrientes e imponer la idea de que procedían, en realidad, de una evidente complementariedad: la escuela de los sutras, que se basaba en un gran conocimiento de los libros y de los ritos esotéricos que llevan a la superación de uno mismo, servía de base para la construcción religiosa tibetana, mientras la de los tan-

---

8. Roland Barraux, *op. cit.*

tras, que evocaba la continuidad, el estudio y la exégesis de los escritos, estaba dedicada a los niveles superiores del conocimiento.

El dalái lama adquirió así una creciente fama a lo largo de los años, que contribuiría a asentar en el espíritu de los pueblos —más allá incluso de las fronteras del Tíbet— el reconocimiento de su título, de su función eminentemente espiritual y portadora de paz.

También mandó construir el prestigioso templo de Ganden Podrang, en el mismo recinto del monasterio de Drepung; luego predijo el momento de su muerte y se preparó para ella. Algunos testimonios relataban que un día se dirigió a los suyos, que estaban a su alrededor, y les anunció que había soñado que estaba rodeado por las «cinco banderas de la victoria». Todos supieron que había llegado el momento de su partida.

Todavía durante unos días, el segundo dalái lama se dedicó a la meditación y a la plegaria. Y finalmente, en posición sedente, Gendun Gyatso se apagó, a finales del año 1542.

Gyalwa Sonam Gyatso, el tercer dalái lama

En un ritual ya consagrado, los monjes del monasterio de Drepung, tras haberse reunido durante un tiempo alrededor de los restos del difunto maestro espiritual del Tíbet y haber cumplido con sus obligaciones con relación a este, empezaron a pensar en su sucesor. Igual que sus predecesores de Tashilhunpo en el pasado, tendrían que ocuparse de encontrar a quien debía ser el tercer dalái lama.

Para hacerlo, constituyeron a su vez una delegación de grandes maestros, que rápidamente se puso en camino. Entonces iniciaron un periplo por los monasterios, escuchando los relatos de unos y otros, recogiendo testimonios en todas partes, hablando con tibetanos de todos los orígenes y comprobando lo que decían.

De este modo llegó a sus oídos una extraña historia que narraba el nacimiento, en un pueblo del valle de ToBlung, de un niño diferente a los demás. Sus padres procedían de la pequeña nobleza y respetaban fielmente los ritos religiosos. No habría habido nada más que decir si la llegada al mundo de su hijo no se hubiera visto envuelta en una serie de relatos impregnados de mística y simbolismo. Los conocidos de la pareja contaban que al nacer, al igual que había ocurrido con el pequeño Gendun Gyatso, el bebé «parecía como de cristal», mientras que al mismo tiempo se producían unos fenómenos climáticos poco habituales, como una sucesión de varios arco iris combinados con una lluvia de flores.

El nacimiento de un linaje

No fue necesario nada más para que los miembros de la delegación de Drepung solicitaran conocer al niño, que se llamaba Ranu Shih Palzango.

Desde el primer encuentro, los maestros de Drepung supieron que habían llegado al final de su viaje. El niño que tenían ante ellos había empezado a hablar precozmente y era muy despierto; hablaba frecuentemente de Gendun Gyatso y de acontecimientos de su vida, y se extendía, asimismo, en citas relativas a los arcanos del budismo tibetano; llegó, incluso, a reconocer y designar por su nombre determinados objetos rituales que le colocaron delante. Además, mostraba de la manera más natural una postura de meditación poco habitual a su edad y realizaba con destreza gestos propios de algunos rituales.

Así pues, sin la menor duda, quienes habían partido en busca de la reencarnación de Gendun Gyatso lo designaron como el nuevo dalái lama. Durante las siguientes semanas, el joven fue llevado al monasterio de Drepung, donde fue confiado a un preceptor. Y así se iniciaron las etapas que lo llevarían por el camino de su realización como maestro espiritual del Tíbet. Un tiempo más tarde, recibió su primera ordenación y su nuevo nombre: desde ese momento se llamaría Gyalwa Sonam Gyatso.

Poco a poco, el nuevo dalái lama adquirió, como sus predecesores, una suma considerable de conocimientos, que lo condujeron a asumir plenamente su papel de dirigente espiritual del pueblo tibetano. Siguiendo una tras otra las diferentes fases de su iniciación, viajó por varios monasterios, donde dispensó desde muy pronto abundantes enseñanzas y predicaciones; además, insufló una nueva dinámica en la gestión material, en términos de bienes religiosos. Sonam Gyatso se ganó una fama sin igual, no sólo entre la comunidad religiosa, sino también en el conjunto del pueblo tibetano.

Su evolución espiritual personal se vio pronto enriquecida con intensos estudios de los textos fundamentales del Sutrayana y del Vajrayana, que le abrieron las puertas a unas experiencias místicas accesibles a los iniciados de más alto nivel, las cuales sólo permite la práctica intensiva de diferentes formas de meditación y yoga.

Fortalecido con esta resplandeciente espiritualidad inherente a las almas superiores, Sonam Gyatso dedicó a partir de entonces toda su energía a transmitir y divulgar el mensaje de Buda en todas sus formas: promovió la pacificación de las agitadas relaciones entre las comunidades, volvió a centrar la fe y los ritos de un monasterio mediante algunos sermones, conoció a lo largo de sus

El nacimiento de un linaje

constantes viajes las distintas órdenes presentes en el altiplano tibetano... Y lo hizo tan bien que, finalmente, muchas comunidades optaron por unirse a los gelugpa.

La fama del tercer dalái lama no hacía más que crecer, hasta el punto de cruzar las fronteras del país; el príncipe mongol Altan Chagan invitó a Sonam Gyatso a su corte, establecida cerca del lago Kokonor. En realidad, el monarca ya había sido conquistado por los preceptos del budismo tibetano, que había tenido la ocasión de descubrir gracias a los relatos y los consejos de dos monjes gelugpa que había tomado como prisioneros durante los enfrentamientos con una tribu nómada.

A pesar de las reticencias de quienes le rodeaban, que veían los peligros potenciales de la apremiante insistencia de los emisarios mongoles, Sonam Gyatso aceptó la invitación y afirmó que había descubierto en ella el signo de una misión que debía cumplir.

Desde el momento de su llegada a la corte de Altan Chagan, a principios de 1578, el dalái lama empezó a narrar incansablemente, una y otra vez —durante semanas y meses—, lo esenciales que son para cualquier existencia humana los preceptos de Buda: la sabiduría y la compasión, el respeto por el prójimo y la naturaleza, el compromiso por una vía de sabiduría y de serenidad. Sonam Gyatso puso tanto ardor en la tarea que rehusó amablemente una invitación de Shen Tsung, el emperador de la dinastía Ming que regía China en aquel momento.

Sus esfuerzos fueron ampliamente recompensados cuando finalmente el príncipe mongol, en parte convertido, mandó redactar un código de conducta que decretó aplicable a todas las etnias que estuviesen bajo su autoridad dentro de su imperio, uniendo así a mongoles, chinos y tibetanos en un idéntico respeto por las grandes reglas propias del budismo tibetano.

Para sellar esta nueva orientación espiritual conferida al Imperio mongol, Altan Chagan otorgó a Sonam Gyatso el título honorífico de Talai, evocando un «océano de sabiduría», que desde entonces se conservaría en el Tíbet —y retrospectivamente para los dos antecesores de Sonam Gyatso— bajo la denominación de *dalái lama*.

Finalmente, en el año 1583, al término de una larga actividad misionera, durante la cual fundó varios prestigiosos monasterios, como los de Lithang y Kumbum, Sonam Gyatso, presionado por las comunidades monásticas tibetanas, volvió al Tíbet central.

Una nueva invitación de los mongoles, algo desorientados por la muerte de Altan Chagan, y una segunda del emperador chino Shen Tsung fueron enviadas a Sonam Gyatso, que parecía estar dispuesto a tomar de nuevo su bastón de peregrino. Sin embargo, el destino decidió por él, ya que una enfermedad le obligó a renunciar a sus proyectos. Finalmente, falleció el mes de abril de 1588; fue inhumado en Drepung.

Su obra estuvo marcada por su capacidad para transmitir los fundamentos del pensamiento de Buda y para divulgar las enseñanzas —sobre todo a través de un tratado compuesto por él mismo, titulado *Esencia del oro fino*, que rinde homenaje a las etapas espirituales que llevan al Despertar—, pero también para encontrar fuera del Tíbet ancestral, en la protección exterior de un vecino poderoso, los medios necesarios para consolidar unas relaciones ocasionalmente difíciles entre las familias espirituales tibetanas.

YONTEN GYATSO, EL CUARTO DALÁI LAMA

Tras la muerte de Sonam Gyatso, los grandes maestros espirituales tibetanos se hallaban de nuevo sumidos en el desconcierto posterior que era típico después de la partida de cada dalái lama. Los interrogantes relativos a la transmisión de esta función surgían de nuevo y alimentaban todas las ceremonias y reuniones, hasta que el mecanismo de designación de un nuevo elegido se ponía en marcha de forma casi automática.

Esta vez, sin embargo, existía un dato nuevo y esencial que iba a conferir a los acontecimientos futuros un giro particular. En efecto, la existencia de Sonam Gyatso se había centrado, sin duda, en tomar el relevo de Gendun Gyatso, en participar en la perennidad de la institución budista tibetana y en la transmisión efectiva de los valores dictados por Buda; pero, además, el dalái lama había realizado durante años una obra misionera considerable y había conducido a la conversión a una gran cantidad de etnias reunidas bajo la hegemonía del Imperio mongol. Había llegado a elevar al budismo tibetano al rango de principal referencia espiritual para los descendientes de Gengis Khan y Kublai Khan.

Así pues, cuando la delegación de maestros tibetanos del monasterio de Ganden[9] designados para encontrar a la reencarnación de Sonam Gyatso oyó muy pronto, entre otras pistas de su búsqueda, un rumor sobre un niño mongol nacido en febrero de 1589 que respondía a los sig-

---

9. También denominado «La Montaña de la Alegría», fue fundado en el año 1409 por Tsongkhapa.

El nacimiento de un linaje

nos y los presagios que generalmente designaban al nuevo dalái lama, en lugar de quedarse asombrados por el hecho de que no fuera de origen tibetano sus miembros salieron inmediatamente a su encuentro.

De nuevo parecía que las evidencias hablaban por sí solas. Como había ocurrido anteriormente, unos testigos mencionaban una «corona de rosas de cristal» que rodeaba al recién nacido en el momento del parto, así como su capacidad, desde una edad muy temprana, de tener visiones sobre varios temas.

Algunas pruebas mostraron claramente que no podía haber la menor duda en cuanto a la verdadera identidad del niño, quien, desde que empezó a hablar, no contento con afirmar que estaba en contacto con algunas deidades, proclamó abiertamente ser el nuevo dalái lama. En los días que siguieron, el eco de la designación oficial del nuevo líder espiritual del Tíbet se extendió por los valles del altiplano tibetano. Empezaba una nueva era.

Además de responder a las expectativas de los tibetanos en cuanto a la sucesión de Sonam Gyatso y la continuación del linaje de los gelugpa, la designación de este niño aseguraba el apoyo y la protección que los mongoles aportaban al pueblo tibetano.

Verdades sobre el Tíbet, los dalái lamas y el budismo

Criado en un primer momento en su pueblo de origen, el joven dalái lama entró en 1602 en el monasterio de Drepung, a la edad de trece años, para emprender los estudios espirituales correspondientes a su cargo. A fin de que los mongoles no se sintieran «desposeídos» por este exilio forzado del joven maestro espiritual —y poder seguir divulgando activamente el pensamiento budista en las regiones que controlaban—, se designó, a título simbólico, a un niño para que encarnara la imagen de Yonten Gyatso y permaneciera en su pueblo de origen para representarlo.

Con el paso de los años, protegido por su entorno de los sobresaltos inherentes a los conflictos entre las diferentes castas espirituales que trastornaban el altiplano tibetano, el joven maestro del Tíbet atravesó todas las etapas que le llevarían a las más altas esferas de la espiritualidad, siguiendo en esto la huella de los dalái lamas que lo habían precedido.

Aunque no había nacido en suelo tibetano —de hecho, ha sido el único dalái lama «extranjero»—, Yonten Gyatso marcó indudablemente una época. En efecto, por su origen mongol, fue uno de los grandes artífices de la difusión del budismo por Asia central, donde las caravanas de nómadas se convirtieron en las propagadoras de las enseñanzas del budismo tibetano: «El budismo se extendió desde el Karakorum, en el norte, hasta el Huang-Ho chino, en el este; desde el curso superior del Yang Tsé-Kiang hasta los límites del mundo islamizado, al oeste, es decir, los confines del Pamir, Khotan y Kashgar, encontrándose, en el alto valle del Indo, el budismo del Ladakh procedente de la India en la multitud de Padmasambhava».[10]

Por desgracia, Yonten Gyatso no pudo cumplir en su totalidad la tarea para la que había sido designado: murió prematuramente en enero de 1617 a la edad de veintiocho años; fue inhumado en Drepung.

NGAWANG LOBSANG GYATSO, EL QUINTO DALÁI LAMA

El periodo que siguió inmediatamente a la muerte del cuarto dalái lama estuvo marcado por un recrudecimiento de las rivalidades entre las diferentes castas espirituales del Tíbet, algunas con miras esencialmente dinásticas, mientras otras tenían unas preocupaciones más nacionalistas. La consecuencia de ello fueron conflictos y luchas in-

---

10. Roland Barraux. *op. cit.*

ternas sin fin en las que se tradujeron, sin duda, las convicciones de unos y otros, así como un gran fervor espiritual, pero también una inestabilidad general que podía llegar a poner en peligro el futuro del Tíbet.

Desde la muerte de Yonten Gyatso, surgió la cuestión de su sucesión, y poco a poco se puso en marcha el proceso de búsqueda de su reencarnación, iniciado por el superior del monasterio de Drepung, encargado de la designación del nuevo «elegido». Sin embargo, en el agitado contexto de la época, no fue hasta cinco años más tarde, en 1622, cuando la búsqueda por parte de los maestros tibetanos alcanzó su objetivo.

Después de buscar mucho, y de identificar y conocer a varios candidatos, las investigaciones se centraron en un niño nacido en el año 1617 en el pueblo de Chongyé, en el seno de una familia de aristócratas.

Los testigos contaban que, nada más ver al recién llegado, el niño se abalanzó sobre él, se sentó sobre sus rodillas y le preguntó por qué había tardado tanto en ir a buscarlo. Durante los siguientes días, fueron surgiendo distintos presagios e indicios que acabaron por convencer a los maestros de que estaban en presencia del quinto dalái lama.

Después de la despedida de rigor de su familia y de su pueblo, el joven infante fue conducido al

El nacimiento de un linaje

monasterio de Ganden, donde comenzó su iniciación espiritual.

Durante los años siguientes, mientras el nuevo líder religioso franqueaba una a una las etapas que lo llevarían a un gran control espiritual, la situación política del Tíbet empeoró. La provincia de Lhasa fue invadida por la familia reinante de los Tsang; los monasterios gelugpa fueron atacados y muchos monjes, asesinados; fue necesaria la intervención armada de los mongoles para calmar los ánimos, a costa de miles de muertos tibetanos.

En 1625, el joven dalái lama fue ordenado monje y recibió su nombre definitivo: Ngawang Lobsang Gyatso. A partir de entonces empezaría a perfeccionar su educación; recibió, asimismo, numerosas enseñanzas no budistas, principalmente de filosofía y sánscrito, así como de diversas ciencias, como la astrología y la medicina.

Muy pronto demostró una sabiduría y un discernimiento que sorprendieron a su entorno; se rodeó de maestros procedentes de otras castas espirituales, no únicamente de los gelugpa. Además, con frecuencia tuvo revelaciones divinas, que en bastantes circunstancias orientaron sus decisiones durante los años siguientes.

Y es que, cada vez más, la función de los dalái lamas comportaba no sólo el papel de dirigente espiritual, sino también el de líder temporal del pueblo tibetano. En efecto, desde ese momento le atañía organizar todo lo relativo al ámbito material, desde la edificación y el mantenimiento de los monasterios hasta el sabio equilibrio que había que encontrar entre las familias principescas y las escuelas budistas, cuyas incesantes rivalidades provocaban continuos sobresaltos en la vida del país. A todo esto se sumaba la imperiosa necesidad de mantener sutiles alianzas con sus vecinos —principalmente con los poderosos mongoles, entonces bajo la autoridad de Gushri Khan, a quien Lobsang Gyatso recibió en Lhasa en 1637, con unas atenciones jamás prodigadas a un visitante extranjero—,[11] a fin de no poner en peligro la independencia del Tíbet.

Fue finalmente en 1638 cuando Ngawang Lobsang Gyatso recibió su última ordenación, según la más pura tradición de los gelugpa. Sin embargo, en vez de tener que preocuparse tan sólo de los asuntos espirituales, como sus predecesores, pronto tendría que hacer frente a complicaciones mucho más concretas.

En efecto, la situación interna del país era nuevamente preocupante. La monarquía Tsang y la

---

11. Principalmente, la asistencia en persona a los oficios dentro del recinto del templo de Jokhang.

El nacimiento de un linaje

orden de los karmapa, aliadas en contra de los gelugpa, pusieron en duda la preeminencia del dalái lama en los asuntos tibetanos. Los karmapa afirmaban ser los únicos poseedores de la tradición doctrinal más auténtica y renunciaron a prestar juramento de fidelidad a los gelugpa, a quienes acusaban de asociarse con los extranjeros mongoles y chinos para asentar su poder. La familia reinante de los Tsang también había actuado por principios nacionalistas en la invasión de la provincia de Lhasa ocurrida unos años antes, bajo el reinado espiritual del cuarto dalái lama, y el orden sólo se había restablecido gracias a la intervención de los mongoles y a costa de miles de muertes en las filas tibetanas.

Así, cuando brotaron nuevos problemas a finales de la década de 1630, el monarca mongol Gushri Khan, al igual que su predecesor, tampoco estaba dispuesto a dejar que cualquier tipo de oposición pusiera en peligro el poder del dalái lama, con quien mantenía unas relaciones excelentes. Después de informar a este último, el líder mongol empezó a reprimir las pretensiones de Berio, el príncipe tibetano del Kham, que era aliado de los Tsang y un ferviente partidario de un retorno a la religión *bön*, que pretendía restablecer como religión oficial del Tíbet. Sin esfuerzo alguno, los mongoles se enfrentaron a los «infieles», asesinaron a Berio y se hicieron con el Kham. Luego, el ejército mongol se anexionó el país de los Tsang, estableció una capital en Gyantsé, y Gushri Khan se declaró protector de la religión tibetana.

Esta situación equivalente a un protectorado no tranquilizaba en absoluto a Sonan Chopel, el eminente consejero del dalái lama, quien veía en ella el dominio del Imperio mongol sobre todo el Tíbet, lo cual ponía gravemente en tela de juicio la independencia de la nación. Después de sumirse en una profunda meditación para obtener indicaciones sobre la conducta que debía mostrar, el dalái lama aceptó finalmente la invitación que se le hizo de dirigirse a las ciudades controladas por los mongoles; sin embargo, tomó la precaución de que lo acompañaran en ese viaje los principales artífices del poder tibetano, a saber, los representantes de las distintas castas espirituales, incluida la del rey caído; así mostraba que era todo el Tíbet el que iba a visitar a Gushri Khan.

El príncipe mongol recibió con faustos en Tashilhunpo a Ngawang Lobsang Gyatso, que iba acompañado, además de por los notables, por varios cientos de jinetes; al término de una ceremonia grandiosa, Gushri Khan devolvió oficialmente el Tíbet al quinto dalái lama, que se convertiría en el soberano temporal del altiplano tibetano.

El nacimiento de un linaje

Corría el año 1642, y empezaba una nueva era. A partir de esa fecha, Gushri Khan garantizaría como líder guerrero de pleno derecho, además de perfecto diplomático, la supremacía religiosa del dalái lama, conservando el título de rey del Tíbet sólo formalmente y confiando el de gobernador *(desi)* a Sonan Chopel. De hecho, la consecuencia de esta organización fue que Lobsang Gyatso concentraba y poseía a partir de entonces todos los poderes, tanto el espiritual como el temporal, que estaban, por primera vez, bajo una sola y única autoridad.

Al mismo tiempo que empezó a redactar una *Historia del Tíbet*, en 1645, el dalái lama instaló las instancias gubernamentales del país en Lhasa y emprendió la construcción de un palacio, el Potala, que sería la sede del Gobierno y acogería, asimismo, los restos de Lobsang Gyatso y de los dalái lamas que le sucederían.[12]

Además de asumir su función de guía espiritual a imagen de sus predecesores, Lobsang Gyatso dio al Tíbet las estructuras que lo convertirían realmente en una nación de pleno derecho. Empezó por realizar un censo y organizar la vida de

---

12. Con excepción de Rigdzin Tsangyang Gyatso, el sexto dalái lama, cuyo rastro se perdería en 1706 en la región del lago de Kokonor y que carece de sepultura.

los monasterios, incluyéndolos en un sistema por el que cada establecimiento debía rendir cuentas y pagar un tributo al Estado. Reorganizó la jerarquía religiosa, además de construir un hospital y una escuela de medicina.

Muy respetuoso hacia el superior de Tashilhunpo, que lo había formado y acompañado en su ascenso espiritual hasta las más altas esferas del conocimiento, Lobsang Gyatso decidió crear una dignidad específica propia de quienes habían sido, eran y serían los maestros y tutores de los dalái lamas. Así nació el título de panchen lama,[13] y quien lo lleva, generalmente mayor que el dalái lama, es considerado el tutor y maestro en la iniciación de este. Lobsang Chokyi Gyaltsen, que fue el maestro intelectual de Lobsang Gyatso, se convirtió así en el cuarto panchen lama, título que también se transmitía mediante la reencarnación del anterior poseedor. En el futuro, ambas funciones serían complementarias, tanto en el ámbito espiritual como material.

En perfecto acuerdo con el ideal del budismo tibetano, el dalái lama se mostraba muy respetuoso con la persona y la dignidad humana, fuera

---

13. Probablemente, se trata de una abreviación de *Pandita-Chenpo*, que significa «gran sabio erudito».

El nacimiento de un linaje

cual fuera la creencia de sus interlocutores; con ello demostraba una tolerancia hacia las corrientes de pensamiento diferentes, más allá de lo que se practicaba ante él.

Asimismo, puso todo su ardor en desarrollar una diplomacia inteligente con sus vecinos más cercanos, ya fueran musulmanes, chinos o nepaleses. Además, debió hacer frente a un nuevo fenómeno: la llegada de misioneros procedentes de Occidente. En efecto, siguiendo los pasos de los mercaderes, los primeros occidentales atravesaron Asia central en dirección a China, y así penetraron en el Tíbet. Eran padres jesuitas y franciscanos que a menudo no tenían contacto directo con los religiosos tibetanos y menos aún con el dalái lama, a quien consideraban «un ser que se cree Dios».

Lobsang Gyatso se reveló también como un hábil político, sobre todo cuando anticipó la evolución de las relaciones entre sus vecinos. Así, por ejemplo, el dalái lama ya había tomado contacto con el líder de la dinastía manchú de los Qing, antes incluso de que este llegara al poder en China. Esto le valdría al Tíbet recibir por parte de Pekín, durante más de una década, las mismas atenciones que en el pasado.

Habría que esperar a 1648 para que surgiera un contacto efectivo entre Lobsang Gyatso y el emperador chino, en forma de una invitación de Shunzhi, el sucesor manchú de Tai Tsong, al dalái lama, que, evidentemente, este no pudo rechazar. Teniendo en cuenta los preparativos que había que hacer para ese largo y peligroso viaje, el maestro espiritual del Tíbet no dejó Lhasa hasta 1652, escoltado por casi tres mil religiosos y militares. La expedición tardó diez meses en llegar a la frontera china y Lobsang Gyatso llegó finalmente a Pekín en la Navidad de 1653, con una escolta reducida voluntariamente a trescientas personas.

El dalái lama y su séquito fueron recibidos con faustos, y se alojaron en un palacio y un templo especialmente construidos para este fin. Los dos meses que duró la estancia en Pekín estuvieron marcados por una sucesión de recepciones oficiales, fiestas y ceremonias en honor de los visitantes.

Sin embargo, lo más importante era que este encuentro entre el líder espiritual del Tíbet y el emperador de China debía servir para precisar, una vez más, las prerrogativas de cada dirigente y nación respecto a su vecino. Lobsang Gyatso informó de su preocupación sobre el respeto de la línea espiritual defendida por los gelugpa en la dirección del Tíbet, señalando su deferencia al situarse bajo la protección de Shunzhi.

El nacimiento de un linaje

El emperador chino no ocultó su satisfacción por este reconocimiento evidente de la supremacía china sobre el Tíbet —lo que equivalía a que su interlocutor reconocía el poder supremo y universal de China—, pero también, y sobre todo, por el hecho de que el dalái lama en persona hubiera acudido hasta él. En efecto, Shunzhi era un budista practicante, cuyo fervor era muy conocido entre quienes le rodeaban.

Este encuentro, por tanto, era de vital importancia para ambos hombres; uno de ellos, considerado el poseedor de la supremacía espiritual, estaba preocupado por el equilibrio en la región, mientras el otro ostentaba el poder temporal, puesto que el principio de toda dinastía reinante era que sus poderes englobaban la totalidad de las tierras conocidas.

Al término de varias entrevistas, los chinos elaboraron finalmente un texto, en forma de «diploma», que establecía de la manera más concreta posible los términos del acuerdo que unía a ambos países. El líder tibetano aparecía reconocido como el guía espiritual encargado de «la dirección de las almas», para conducir a los seres por el camino de la perfección espiritual; y el líder chino era investido, por su parte, con el título de guía temporal, y asumía la «dirección de los pueblos», con el objetivo de procurar el bienestar de todas las personas sobre la tierra.

A fin de cuentas, este texto era de una importancia capital porque, más allá de la clara especificación de la función de cada uno de ellos, definía sin ambages la posición de Pekín en lo referente a sus posteriores relaciones con el Tíbet. En efecto, como apunta precisamente Roland Barraux,[14] por primera vez, «la jerarquía tibetana es considerada una entidad independiente, perteneciente al ámbito de la ética, sin estar implicada en la esfera de la influencia imperial universal. El segundo párrafo añade como preámbulo teórico y general la definición de la situación original del dalái lama: sus cualidades interiores, su poder de concentración y su sabiduría [...] le permitieron superar tanto el mundo empírico como el trascendental, y divulgar el budismo, llegando hasta los no enseñados de los países de Oriente y reformando las ideas de sus habitantes, de acuerdo con los más altos designios celestiales.

Sin embargo, este famoso documento plantea sin rodeos los fundamentos políticos —al parecer, ineludibles— sobre los que reposa el poder de China: «El emperador ha recibido el mandato del Cielo para dirigir la Tierra; bajo su influencia, los pueblos del entorno se esfuerzan por reformarse

---

14. Roland Barraux, *op. cit.*

El nacimiento de un linaje

en el sentido de ser mejores; la apoteosis de esta evolución es el contacto personal con su fuente, que, a cambio, confirma los resultados realizados y otorga un nuevo impulso a desarrollos posteriores. Por este motivo la llegada del dirigente tibetano reviste una gran importancia: concentra en un mismo instante la perfección del dalái lama y de la potencia imperial».[15]

Cuando el dalái lama regresó hacia Tíbet, la situación era clara y el futuro del altiplano estaba garantizado durante cierto tiempo. Lobsang Gyatso, acompañado siempre por su numeroso séquito, aprovechó para hacer un alto en varios monasterios y ofrecer unas enseñanzas de gran valor, teniendo en cuenta la elevación espiritual a la que había conseguido llegar.

De regreso a Lhasa, además de reiniciar una intensa actividad religiosa, el quinto dalái lama se dedicó a otra tarea por la que sentía un gran interés: la redacción de su autobiografía, en la que plasmó diferentes experiencias místicas (visiones, signos, presagios...) que, durante toda su vida, habían orientado sus principales decisiones como guía espiritual de su pueblo. Paralelamente, favoreció la expresión literaria, que, a través de diver-

---

15. Roland Barraux, *op. cit.*

Verdades sobre el Tíbet, los dalái lamas y el budismo

sos autores, permitió el desarrollo cultural y la conservación de la riqueza del folclore tibetano.

Sin embargo, no es cierto que Lobsang Gyatso llevara una existencia exclusivamente enfocada hacia las preocupaciones de orden religioso. De hecho, muy pronto las angustias de la política requirieron de nuevo su arbitraje, esta vez con los mongoles. Tras la muerte de Gushri Khan,[16] mientras los dos hijos de este se repartían la sucesión del líder de los mongoles qoshots,[17] el dalái lama aprovechó para distanciarse de aquellos a quienes sus predecesores habían prestado juramento de fidelidad en el pasado hasta el punto de asumir, con una independencia reafirmada en bastantes ocasiones, la dirección efectiva de los asuntos del Tíbet.

Los mongoles pronto delegaron el control de los asuntos tibetanos en un «regente», un título asumido sucesivamente por Sonam Chopel, Trinley Gyatso y, por último, Chopon Depa, un general mongol poco inclinado a entenderse con Lobsang Gyatso hasta que entró en escena el sobrino

---

16. En 1654 o 1655, según las fuentes más o menos oficiales.
17. Bagathur, el más joven, debía reinar en la región del lago Kokonor; Dayan Khan, por su parte, se convertía en el nuevo protector del Tíbet.

El nacimiento de un linaje

del intendente del Potala, Sangyé Gyatso, que entonces iniciaba una larga y brillante carrera.

En aquella época, según la opinión general, Lobsang Gyatso estaba en la cumbre de su potestad espiritual. Además, su dominio de la diplomacia le hacía desempeñar con frecuencia el papel de intermediario o emisario cuando se preparaba algún conflicto o dos de sus vecinos estaban a punto de enfrentarse. Eso fue lo que sucedió cuando el emperador chino Kangxi, sucesor de Shunzhi, tuvo que hacer frente a la oposición de los últimos partidarios de los Ming y de algunos generales deseosos de proclamar la independencia de algunos estados al sur del Imperio del Centro. Lobsang Gyatso intervino durante cierto tiempo para intentar hallar un terreno de entendimiento, pero finalmente Kangxi le dio las gracias por sus esfuerzos y sometió a su manera —por la fuerza— las revueltas de sus súbditos.

La misma situación se reprodujo un tiempo después, con los mongoles zungar, que presentaban veleidades de expansionismo. También aquí, el emperador chino, después de permitir al dalái lama que intentara encontrar una solución, decidió implicarse personalmente —y con firmeza— hasta imponer una tregua a sus oponentes.

De vuelta a las preocupaciones puramente tibetanas, Lobsang Gyatso, además de dedicarse a sus actividades religiosas, velaba para que la construcción del palacio del Potala prosiguiese a un ritmo constante. Siguió dirigiendo los asuntos del Tíbet con serenidad, pero desde hacía un tiempo su espíritu estaba preocupado: las visiones y los presagios que anunciaban el fin de su existencia terrestre se multiplicaban y no dejaban lugar a dudas sobre la cercanía de su muerte. Finalmente, Lobsang Gyatso falleció en 1682, tras una larga enfermedad. No obstante, paradójicamente, su reinado como dalái lama no había terminado.

En ese momento entró realmente en escena Sangyé Gyatso. Como perfecto discípulo espiritual del fallecido maestro, había comprendido muy bien los retos políticos que podían derivar de la muerte del quinto dalái lama. Además, preocupado por conservar la independencia del Tíbet respecto a sus vecinos mongoles y chinos —así como su poder personal—, el panchen lama tomó una decisión tan increíble como inesperada: informó al pueblo tibetano de que Lobsang Gyatso había hecho voto de retirarse de la vida pública durante las siguientes doce semanas. La población, que veneraba al dalái lama, vio en ello una señal más de su autenticidad, de su santidad... ¡Y durante casi quince años los tibetanos creyeron que Lobsang Gyatso vivía retirado del mundo para salvar mejor las almas de sus súbditos!

El nacimiento de un linaje

En realidad, Sangyé Gyatso se convirtió en el señor del Tíbet, si bien fue el nombre de Lobsang Gyatso —el «Gran Quinto»— el que permaneció en la historia como el iluminado realizador de una duradera prosperidad tibetana, en la que se desarrollaron los conocimientos, el comercio y, por encima de todo, la imagen del Tíbet como una nación de pleno derecho frente a sus poderosos vecinos mongoles y chinos, todo ello conservando las tradiciones y la cultura del altiplano tibetano.

Rigdzin Tsangyang Gyatso, el sexto dalái lama

Al parecer, la sucesión de Lobsang Gyatso se inició bajo el signo de la mayor ambigüedad, debido a que Sangyé Gyatso, fortalecido con su título oficial de regente, se dispuso a reinar en el Tíbet durante más de una década, cuando la tradición requería, en cambio, una perpetuación efectiva del linaje de los dalái lamas.

Ahora bien, Sangyé Gyatso, aun cuando emprendió una acción política única en los anales de la historia tibetana, no dejaba de ser por ello un ferviente religioso que no podía sustraerse a la ley de la reencarnación, la cual prevalecía en la designación de los maestros espirituales del Tíbet. Por tanto, respetó lo que consideraba los imperativos para preservar la integridad de su país, dirigiendo los asuntos del Tíbet, mientras que, por otra parte, preparaba en la sombra la sucesión de Lobsang Gyatso.

Así pues, en 1682 Sangyé Gyatso, que entonces tenía treinta años, dirigía la política tibetana, bajo la versión oficial de que las riendas del poder le habían sido cedidas por Lobsang Gyatso desde su retiro místico. El regente reveló, poco a poco, las diferentes facetas de una personalidad compleja: ferviente discípulo ortodoxo de Tsongkhapa, hábil político implicado en las manipulaciones más sombrías y jefe autoritario que difícilmente soportaba las opiniones contrarias. Asimismo se convirtió en un interlocutor temible para sus aliados mongoles o chinos, ya que defendió con uñas y dientes la posición de un Tíbet libre e independiente, tejiendo y deshaciendo alianzas con una maquiavélica facilidad a medida que se iban sucediendo los acontecimientos.

Además, Sangyé Gyatso se afirmó como un hombre de una gran cultura, capaz de escribir la historia de la orden de los gelugpa, titulada *Espejo de lapislázuli*, así como de ser el autor de obras reconocidas y famosas en ámbitos tan distintos como la medicina, la astrología y la astronomía, o

El nacimiento de un linaje

incluso en materia de derechos sociales, al impulsar unas reformas que pretendían instaurar una mayor justicia y, sobre todo, la protección de los religiosos.

Así, durante años, la imagen de un poder sólido y sin conflictos se perpetuó bajo el conocimiento de los tibetanos y los observadores extranjeros, garantizando una paz y una estabilidad apreciadas por todos.

Sin embargo, Sangyé Gyatso, aunque seguía siendo un laico que llevaba una vida social cotidiana, con sus múltiples placeres, desde los de la carne hasta la práctica de las artes y el deporte, fue muy consciente de sus deberes, empezando por el primero y más imperioso: encontrar al sucesor de Lobsang Gyatso.

Así, demostrando una serenidad de buen tono al frente del Estado tibetano, el regente empezó a buscar a la reencarnación del quinto dalái lama. Para ello, envió por el país a varios emisarios para que iniciaran los primeros trámites y fueran en busca de rumores, indicios y presagios que informaran de posibles correspondencias con la muerte de Lobsang Gyatso, todo ello en el mayor secreto. Durante los siguientes meses, el regente siguió en persona los progresos de la investigación y llegó incluso a efectuar por sí mismo algunas verificaciones preliminares.

No obstante, habría que esperar hasta el año 1685 para que unos indicios serios llevaran a los investigadores a la región de Moeun. Al parecer, un niño nacido en marzo de 1683 cerca del pueblo de Tawagn respondía en todos los puntos a lo que se estaba buscando; en efecto, satisfacía con una enorme facilidad las diferentes consultas rituales y las numerosas pruebas presentadas, y el panchen lama llegó rápidamente a la conclusión de que se trataba de la reencarnación de Lobsang Gyatso.

Sin demora, y siempre con la máxima discreción, el niño y su madre fueron conducidos, a lo largo de los siguientes días, al monasterio más cercano, el de Tsona, donde el sucesor reconocido del quinto dalái lama fue internado en secreto. No se volvería a oír hablar de él durante casi doce años.

Posteriormente se hizo evidente, desgraciadamente demasiado tarde, que esa vida de reclusión, lejos del Potala y de las más altas fuentes espirituales tibetanas —debido a la necesidad de «filtrar» a sus maestros a fin de conservar el secreto—, no permitiría dispensar al sexto dalái lama una enseñanza tan completa y rigurosa como la recibida por sus predecesores. La consecuencia sería una conducta atípica, dado su rango, así como un desenlace de su reinado también contrario a la norma establecida hasta ese momento.

El nacimiento de un linaje

Sin embargo, por el momento, el plan establecido por Sangyé Gyatso funcionaba de maravilla: el Tíbet estaba dirigido con mano de experto y sus habitantes pensaban que Lobsang Gyatso seguía siendo el líder espiritual que todos admiraban y veneraban. Algunos rumores acerca de la desaparición de este último llegaron a oídos del emperador chino Kangxi, quien envió una delegación a Lhasa; no obstante, sus emisarios se conformaron con la silueta que vieron a través de un velo opaco, como si fuera Lobsang Gyatso, aunque en realidad no era más que una sutil escenificación recreada por Sangyé Gyatso. De regreso en Pekín, los lamas que vivían en China y que habían viajado a Lhasa elaboraron un informe elogioso y tranquilizaron a Kangxi, quien, además, quedó satisfecho al ver que la estabilidad del Estado tibetano le convenía para contener los anhelos expansionistas de los mongoles. El emperador chino, por tanto, siguió considerando al quinto dalái lama como un aliado de peso y, durante los años siguientes, continuó solicitando su ayuda en varias ocasiones para que interviniera como mediador ante los jefes mongoles, los cuales eran a veces difíciles de contener.

De esta manera se perpetuó una situación muy extraña, a la que todo el mundo se adaptaba, si bien el secreto parecía cada vez más difícil de mantener.

En 1693, después de haber contenido una nueva rebelión mongol y recibido la información por parte de unos prisioneros mongoles de los rumores que afirmaban que Lobsang Gyatso estaba muerto desde hacía varios años, Kangxi envió un segundo grupo de emisarios al Tíbet para que se entrevistaran con el dalái lama. Y, nuevamente, Sangyé Gyatso actuó con una infinita sutileza, hasta el punto de que el informe que finalmente llegó a manos del emperador chino fue idéntico al anterior y lo satisfizo de igual manera.

No obstante, la situación general se agravó. Los mongoles proclamaban en varios lugares su voluntad de recrear un imperio a la imagen de su grandeza del pasado, mientras que tibetanos y chinos se mostraban preocupados por estas pretensiones de sus vecinos.

Por primera vez, Sangyé Gyatso cometió un error de peso: se alió con Galdan Khan, el líder mongol que había sucedido a Gushri Khan. En un primer momento, esta nueva alianza permitió al Tíbet extender ligeramente su territorio, pero muy pronto Pekín sintió la necesidad de hacer respetar el orden y su soberanía en los altiplanos, sobre todo cuando los guerreros de Galdan Khan infligieron una seria derrota a los khalkhas en 1690. Al haber pedido las demás tribus mongolas la protección del emperador, pues temían ser so-

El nacimiento de un linaje

metidas por la fuerza, Kangxi decidió intervenir y lanzó una expedición contra Galdan Khan, que resistió los ataques. No sería hasta seis años más tarde, en 1696, cuando el emperador chino pondría fin a las veleidades del jefe mongol, infligiéndole una derrota total, que llevaría a Galdan Khan a la huida.

Mientras tanto, con el transcurso de los años, las sospechas sobre el fallecimiento de Lobsang Gyatso iban en aumento, ya que nuevos testimonios llegaban al emperador chino. Muy pronto, Sangyé Gyatso se dio cuenta de que no podría prolongar esta situación durante más tiempo. Al enterarse de que un emisario de Kangxi, el embajador Pho-Chu, había sido enviado para aclarar toda la historia, el regente, en una muestra de hábil diplomacia, puso rápidamente a todo el mundo en movimiento.

Después de poner al sexto dalái lama y a su madre a salvo en un nuevo monasterio, Sangyé Gyatso envió un mensajero al emperador de China que debía revelarle que la reencarnación de Lobsang Gyatso había sido hallada y tenía ya la edad adecuada para asumir plenamente su función de líder espiritual. Anticipándose a las inevitables preguntas del emperador chino acerca del silencio guardado durante tanto tiempo sobre la muerte del quinto dalái lama, el regente afirmó que había esperado a que todo estuviera en orden y a que la reencarnación estuviera lo bastante educada espiritualmente para asumir la carga de dicha sucesión. Para rematarlo todo, Sangyé Gyatso mostró de nuevo una aparente sumisión al pedir la protección de Kangxi para el joven dalái lama, poco acostumbrado a los asuntos del poder.

Satisfecho con la idea de haber acabado durante un tiempo con las rebeliones mongolas, con la muerte de Galdan Khan en su huida y con el juramento de fidelidad que le habían ofrecido los mongoles qoshots de Lhabsang Khan, el emperador Kangxi aceptó con benevolencia la misiva del regente y envió a Lhasa a un lama con la misión de reconocer oficialmente al nuevo dalái lama en nombre del monarca chino.

Una vez más, Sangyé Gyatso había demostrado una gran inteligencia política, debida en parte a su perfecto conocimiento de la diplomacia y de las relaciones de fuerza entre el Tíbet y sus vecinos. Para proclamar la llegada del sexto dalái lama a la escena pública, el panchen lama Lobsang Yeshe se dirigió al monasterio de Nakartsé en septiembre de 1697, donde llevó a cabo todos los rituales consagrados a la ordenación del joven monje, a quien dio su nombre definitivo: Lobsang Rigdzin Tsangyang Gyatso («océano de melodía»). Después de esto, prosiguieron las ceremonias en el monasterio de Nyethang, donde el regente, los altos funcionarios del Estado tibetano y los monjes de los tres principales monasterios —Sera, Ganden y Drepung— conocieron oficialmente al nuevo dalái lama.

Sangyé Gyatso, como regente durante los últimos años, tuvo entonces la ocasión de rendir cuentas de los principales acontecimientos ocurridos desde la muerte de Lobsang Gyatso y evocó, principalmente, el juramento de guardar el secreto del fallecimiento de este último a fin de preservar la paz en el reino hasta que su sucesor fuera encontrado y estuviera capacitado para tomar el relevo como guía espiritual del Tíbet.

También realizó un informe detallado sobre las investigaciones que le habían conducido al descubrimiento de Rigdzin Tsangyang Gyatso, así como sobre su formación espiritual en el mayor secreto, en conformidad con los deseos del «Gran Quinto».

El pueblo tibetano, feliz al conocer por fin al sucesor de Lobsang Gyatso, no escatimó elogios hacia el regente, al que todos honraban por haber llevado a cabo en solitario, durante tantos años, la pesada carga de hacer efectiva la palabra otorgada al quinto dalái lama.

Unas semanas más tarde, a modo de apoteosis, Sangyé Gyatso mandó trasladar las cenizas de

Lobsang Gyatso a un *chorten* construido para este fin en el recinto del Potala, en una ceremonia fúnebre jamás igualada, que reunió a más de diez mil lamas, según varios testigos.

Finalmente, en octubre de 1697, el sexto dalái lama, que tenía entonces catorce años, asumió realmente sus funciones durante una manifestación honrada por las más altas dignidades religiosas y laicas del Tíbet. Su reinado pudo al fin empezar. O al menos eso era lo que pretendían quienes se encargaban de su formación, ya que, contra todas las expectativas, muy pronto pareció que nada de lo que afectaba al sexto dalái lama se asemejaba a lo que habían vivido sus predecesores.

En efecto, cuando se iniciaron los largos estudios que debían permitirle adquirir un saber fuera de lo común, sus maestros constataron muy pronto la poca motivación del dalái lama por las tareas a las que debía dedicarse. Al parecer, le faltaba interés por la formación religiosa de tan alto nivel que se le dispensaba y no conseguía superar con éxito las etapas por las que cualquier novicio gelugpa debía pasar. Los testigos de su proceso de aprendizaje quedaron consternados al ver el desinterés que mostraba por aquello que constituía el fundamento esencial y primero de su misión como reencarnación del quinto dalái lama.

El nacimiento de un linaje

De igual modo, no confería ninguna importancia al papel de guía temporal que le tocaba asumir, ya que prefería llevar una existencia sencilla y ociosa, rodeado de algunos amigos. Según decían algunos, llegó incluso a abandonarse a la carne y a sentir cierto placer, del que hablaría con frecuencia en los numerosos poemas que escribiría durante sus años de formación.

En otras palabras, el nuevo dalái lama se interesaba más por las artes, la danza y la poesía, la escritura de canciones —en las que, por otra parte, demostró cierto talento— e incluso los deportes —practicaba con asiduidad el tiro al arco— que por su función como señor espiritual y temporal del Tíbet.

Algunos veían en él a un ser débil e inestable, más inclinado por el desenfreno que por el estudio, incapaz de asumir la menor responsabilidad, pero nadie pensó ni por un solo instante en condenarlo por su conducta. Una parte de todos los que lo rodeaban eran conscientes de que no había recibido durante sus primeros años de vida una formación lo bastante estricta y severa; por otra parte, fuera cual fuera su comportamiento entonces, no por ello era menor la reencarnación oficial y reconocida de Lobsang Gyatso, esto es, el líder espiritual del budismo tibetano, poseedor por ello de la función suprema..., si bien su estilo de vida desconcertaba a quienes le rodeaban y a los tibetanos.

Todos le dedicaban una veneración sin límites y decidieron ignorar el sentido profundo de su existencia presente, que rompía con los usos y costumbres de los anteriores dalái lamas. Otros irían más lejos y verían en sus excesos de comportamiento, sobre todo con respecto a la lujuria, una interpretación totalmente personal de la vía tántrica más pura, la que prescribe los intercambios corporales como práctica de despertar, sin dejar de recordar, en este sentido, que la familia en la que había nacido Rigdzin Tsangyang Gyatso se dedicaba a las prácticas tántricas de la secta no reformada de los nyingunapa.

Sin embargo, al cabo de un tiempo y con independencia de esas interpretaciones, la actitud del sexto dalái lama resultó especialmente molesta al regente. Sangyé Gyatso era presa de preocupaciones de orden político, para las cuales resultaba del todo imperativo que el joven dalái lama pronunciara sus votos definitivos de *gelong* y accediera así a la plenitud de su cargo espiritual. Según el espíritu del regente, que por otro lado se acomodaba muy bien a las responsabilidades puramente gubernamentales, sólo la elevación de Tsangyang Gyatso a la más alta dignidad espiritual podía garantizar la autoridad

El nacimiento de un linaje

del Tíbet frente a los mongoles qoshots de Lhabsang Khan; este último ambicionaba abiertamente extender su soberanía hasta el altiplano tibetano.

El regente, por tanto, encargó al panchen lama que convenciera al sexto dalái lama para que oficializara su definitiva entrada en la vida monástica durante una ceremonia programada en Lhasa. Sin embargo, contra todo lo previsto, Tsangyang Gyatso, al enterarse de la petición, en lugar de acceder a ella y de acudir al monasterio de Tashilhunpo, prefirió retirarse a otro de menor renombre, el de Shigatsé.

El panchen lama lo visitó en varias ocasiones, pero no pudo conseguir nada, y finalmente la decisión del joven fue anunciada de manera oficial una mañana: «Un día, hubo una consternación: acudió al monasterio, se postró tres veces ante el panchen lama, le pidió perdón por su incapacidad para responder al deseo de su venerado tutor y expresó así su voluntad no sólo de no pronunciar los votos de *gelong*, sino también de renunciar a los que había aceptado durante su primera ordenación como *getsul*. Este retorno al estado laico le parecía más honesto que la falsa duplicidad de las apariencias».[18]

---

18. Roland Barraux, *op. cit.*

Cuando la noticia llegó a oídos de Sangyé Gyatso, no podía creérselo. No sabía cómo evaluar los trastornos que una noticia así podía comportar al Tíbet y renunció, de entrada, a aceptarla. A partir de entonces empleó toda su influencia para intentar persuadir a Tsangyang Gyatso para que cambiase de opinión, personalmente y por medio de monjes de los tres monasterios más importantes. Sin retroceder ante ningún sacrificio, pidió incluso a Lhabsang Khan, el líder de los mongoles qoshots, que interviniera. Pero no había nada que hacer: la decisión del sexto dalái lama era irrevocable. Esta opción ponía bruscamente en tela de juicio todo aquello que el regente había puesto en práctica en lo más alto del Estado tibetano desde hacía años; si ya no había dalái lama, la estabilidad misma de las instituciones —y, por tanto, del país— se encontraba en peligro.

Desesperado, Sangyé Gyatso reunió un sínodo de grandes lamas para que fuera votada la «inhabilitación» del dalái lama, pero los altos dignatarios religiosos del Tíbet no consiguieron ponerse de acuerdo a la hora de tomar una decisión de tanta importancia. En definitiva, consideraron que Tsangyang Gyatso era un ser cabal por su filiación, que podía emprender otro camino para realizarse, lo cual no le retiraba en absoluto su dignidad ni sus prerrogativas espirituales.

El nacimiento de un linaje

En cambio, en todo lo relacionado con los asuntos públicos, el regente era perfectamente consciente de que la cosa era distinta con el poder temporal, pues este no podía permanecer vacante durante un tiempo indeterminado, ya que ello despertaría de nuevo la ambición de algunos de sus belicosos vecinos.

Y en este caso particular el problema era más grave, a causa de la total ambigüedad: en efecto, aunque el dalái lama había renunciado a su entrada definitiva en la vida monástica, no se había pronunciado abiertamente en lo referente a su poder temporal. Por lo tanto, oficialmente seguía teniendo a su cargo dicha responsabilidad. En la práctica, Tsangyang Gyatso no cambió en nada sus hábitos: siguió viviendo en el Potala, salía por la ciudad con sus amigos, llevaba una vida de alto dignatario y vestía sus galas.

Sangyé Gyatso no vio otra solución más que la de abandonarse a su inclinación por la intriga. Aconsejado por los cuatro ministros del Gobierno tibetano, organizó un atentado contra el dalái lama. Sin embargo, un cambio de ropa entre amigos durante una fiesta salvó la vida a Tsangyang Gyatso, y uno de sus criados murió asesinado en su lugar.

Al día siguiente, después de una rápida investigación, finalmente un ministro fue considerado culpable y señalado como tal ante la población tibetana; sus cómplices fueron identificados enseguida y ejecutados, pero algunos habían mencionado el papel primordial que había desarrollado el regente en dicha intriga. Esta vez, Sangyé Gyatso había ido demasiado lejos.

De hecho, cada vez con mayor frecuencia su actuación era puesta en duda por sus aliados mongoles, que ahora veían con malos ojos sus pactos secretos con otros líderes. El regente intentó entonces hacer que envenenaran a Lhabsang Khan, pero no lo consiguió. Este sería su último intento de manipulación desde la más alta cumbre del Estado tibetano. Superado por sus exigencias, el líder de los qoshots se volvió más impaciente, pero Sangyé Gyatso probó una última finta anunciando oficialmente que renunciaba al poder y designando a uno de sus hijos, Ngawang Rintchen, como su sucesor en la regencia.

Muy irritado por no haber sido ni siquiera consultado para este traspaso de poderes, Lhabsang Khan informó a Pekín de sus propósitos y avanzó hacia Lhasa con un ejército. A pesar de la intervención desesperada del panchen lama, los mongoles aplastaron a las tropas tibetanas enviadas para detenerlos. Sangyé Gyatso, refugiado en la fortaleza de Dongkar Dzong, tuvo que rendirse. Fue decapitado unas semanas más tarde, el 6 de septiembre de 1706.

El nacimiento de un linaje

Con el regente eliminado, los mongoles controlaban el país. Sólo Rigdzin Tsangyang Gyatso, el sexto dalái lama, desempeñaba el papel del último baluarte ante los extranjeros que ocupaban el altiplano tibetano. El pueblo puso en él todas sus esperanzas, al tiempo que lloraba a Sangyé Gyatso.

Para Lhabsang Khan, el último obstáculo antes de conseguir un control total del Tíbet era el dalái lama, por lo que se planteó «deshacerse» de él. Como hábil estratega que era, envió al emperador chino una serie de informes poco elogiosos en los que evocaba las extravagancias de Tsangyang Gyatso e informaba de la poca dignidad con la que ocupaba su cargo. Kangxi, que seguía considerando al líder de los qoshots como un valioso aliado y más desde que había eliminado al regente, tomó al pie de la letra tales informes; envió al Tíbet a un general y un lama para que fueran al encuentro del dalái lama y se lo llevaran a China, mientras calmaba las inevitables recriminaciones de los monjes de los tres principales monasterios tibetanos cubriéndolos de ventajas y de obsequios.

Por su parte, Lhabsang Khan intentó reunir un sínodo con el objetivo de destituir oficialmente al dalái lama, pero no tuvo éxito. A partir de entonces, los acontecimientos se precipitaron. En cuanto los representantes del emperador chino llegaron al Tíbet, el líder mongol destituyó al sexto dalái lama y este acató la orden de dirigirse a Pekín lo antes posible con una buena escolta.

La marcha del Potala se llevó a cabo ante la presencia de una multitud considerable, lo que daba a entender que se trataba de un momento histórico. A medida que el cortejo se acercaba a Drepung, la multitud aumentaba. Tras desarmar a los guardas, el pueblo rescató a Tsangyang Gyatso y lo condujo al interior del monasterio.

Enojado por este contratiempo, Lhabsang Khan lanzó sus tropas contra Deprung y se dispuso a atacar el lugar. Finalmente y ante el temor de las terribles consecuencias que podían recaer sobre el pueblo tibetano, el dalái lama se entregó.

Al día siguiente, la tropa reanudó su ruta hacia Pekín, pero se produjo un hecho extraordinario: mientras la escolta se acercaba a las orillas del lago Gunganor, el dalái lama desapareció. Nadie volvería a verlo. Era el 14 de noviembre de 1706.

Algunos rumores hablan de un asesinato por parte de los soldados mongoles o de una enfermedad. Otros apuntan que vivió en la clandestinidad hasta el año 1746 y dedicó su existencia a la propagación del budismo; se afirma, incluso, que emprendió viajes al Kham, Nepal e India, y que consagró varios monasterios en Mongolia, donde se venera una tumba como si fuera la suya.

Una nueva era

La desaparición del sexto dalái lama marcó el fin de un periodo de estabilidad y armonía relativas en la historia del Tíbet. Hasta entonces, las instituciones religiosas y políticas habían conseguido forjar la identidad de una nación reconocida por todos, impregnada de religiosidad y de respeto hacia sus diferentes componentes. Sin embargo, las maquiavélicas intrigas y el asesinato de Sangyé Gyatso, además de la renuncia de Tsangyang Gyatso a su entronización como dalái lama y sucesor de Lobsang Gyatso, cambiaron de manera radical la propia naturaleza del poder tibetano.

Con el regente y el dalái lama apartados del poder, ahora eran los extranjeros quienes dirigían el destino del país, y los tibetanos, para gran desesperación suya, no tenían ninguna función de importancia que asumir al frente del Estado. Así pues, se perfilaba una nueva era, cargada de incertidumbres en todos los campos, tanto en el terreno político como en el espiritual.

Los fundamentos de las instituciones tibetanas seguían profundamente arraigados en la mentalidad del pueblo, pero nada ni nadie estaba capacitado para garantizar su aplicación por parte de las más altas instancias gubernamentales, que sólo podían someterse a la presión de unas fuerzas exteriores que mostraban abiertamente su voluntad de apoderarse de las tierras y los recursos del altiplano tibetano.

PADKAR DZINPA NGAWANG, EL USURPADOR

Para Lhabsang Khan, el líder de los mongoles qoshots, había llegado la hora del triunfalismo más desenfrenado. Con Sangyé Gyatso y el dalái lama alejados del poder, él era el único señor del Tíbet y ocupaba el Potala con fausto. Embriagado por sus recientes victorias sobre los tibetanos y el éxito de su sutil diplomacia ante China, quiso creer que era el líder, no sólo de una tribu mongola, sino de todo un pueblo. Se veía ya reconstruyendo el Imperio mongol que tanto habían amado sus antepasados.

No obstante, la realidad no tardó en demostrar a Lhabsang Khan una evidencia mucho más con-

Una nueva era

creta: se hallaba en el Tíbet y no en una simple estepa cualquiera de Asia central. Residía en ese Tíbet apasionado por la religión y la espiritualidad, donde desde hacía siglos nada podía hacerse ni decidirse sin el aval de las más altas esferas religiosas. Lhabsang Khan, en cambio, no era más que un caudillo guerrero; en otras palabras, si realmente quería hacer que su poder se asentara durante mucho tiempo, tenía que encontrar una «garantía» religiosa sobre la que poder gozar de una influencia política real.

Para ello, el nuevo señor de Lhasa no cayó en complicaciones innecesarias. Mandó establecer un oráculo que le complaciera para designar a un monje de veinticinco años, llamado Padkar Dzinpa Ngawang, como la reencarnación del sexto dalái lama. La historia revelaría más tarde que el mongol conocía al joven religioso antes de que fuera designado (¡y que tal vez era, incluso, su propio hijo!).

Fortalecido con este reconocimiento, que proclamó oficialmente, Lhabsang Khan decretó que el nuevo dalái lama fuera investido con todos los poderes inherentes a su cargo y lo instaló solemnemente en el palacio de Potala.

Al menos esta era la versión oficial, ya que dicha designación carecía de valor para los tibetanos. En efecto, el protocolo de búsqueda y descubrimiento del nuevo dalái lama no había sido respetado; no se había emprendido ninguna investigación preliminar; nadie se había preocupado de conocer y estudiar las señales, los presagios y las visiones que limitaban y describían habitualmente la región y el ambiente en los que debía localizarse la reencarnación del difunto.

Además, el panchen lama no había ratificado de ninguna manera la designación propuesta por los mongoles. En consecuencia, para el pueblo tibetano, así como para sus dirigentes, el denominado Padkar Dzinpa Ngawang no era en absoluto el sucesor esperado en el linaje de los dalái lamas, sino un simple usurpador.

El sobresalto tibetano

Al mismo tiempo, un rumor acerca del nacimiento del verdadero sucesor de Tsangyang Gyatso en un pueblo del Kham empezó a circular por todo el país. Los altos dignatarios religiosos estaban realmente impresionados porque un poema del difunto Rigdzin Tsangyang Gyatso anunciaba:

> *Blanca grulla, dame tus alas...*
> *De Lithang regresaré.*

Una nueva era

En efecto, ¡era precisamente cerca de Lithang donde se había localizado la supuesta reencarnación del dalái lama!

Por supuesto, el rumor llegó hasta el Potala y Lhabsang Khan tuvo conocimiento de él; empezó a preocuparse, porque el recién llegado podría poner seriamente en duda su posición. Ahora bien, desde hacía cierto tiempo, el líder mongol había reforzado considerablemente dicha posición, sobre todo ante el emperador chino Kangxi, a quien se había ofrecido a rendir tributo, oficializando en cierto modo el papel del Tíbet como vasallo de China. Esta situación satisfacía a ambos aliados, si bien el acuerdo no tenía ningún valor a los ojos de los tibetanos, puesto que su Gobierno no había participado en él. Finalmente, Lhabsang Khan envió a varios lamas hasta el lugar para que investigaran la veracidad de los rumores. Cuando le llegó la respuesta, aunque «suavizada» por los lamas, no tuvo ninguna duda: se trataba del niño que el pueblo esperaba.

Los tibetanos presintieron posibles problemas e hicieron que la familia del niño se trasladara de región, dejara el Kham y se dirigiera al Amdo, deseosos de proteger a quien todos consideraban ya como la reencarnación del sexto dalái lama.

Sin embargo, no tuvieron en cuenta la vigilancia de Kangxi. El emperador de China estaba perfectamente informado de todo lo que acontecía en el altiplano tibetano. Sin dudarlo, mandó interceptar el cortejo del niño y llevó a este y a quienes le acompañaban al monasterio de Kumbum, a buen recaudo. Como astuto diplomático que era, Kangxi sabía que tenía la mejor baza en la partida que jugaba con su turbulento compañero mongol, sobre todo porque la situación de Lhabsang Khan se estaba degradando rápidamente. En efecto, llegaron varios informes a la corte imperial en los que se hablaba de quejas por parte de los tibetanos y rivales mongoles, que denunciaban el poder exclusivo del jefe mongol, la usurpación del título de dalái lama y la aberración del nombramiento de Padkar Dzinpa Ngawang en el más alto rango de la jerarquía espiritual tibetana.

Ante esta protesta general, Kangxi hizo que se estudiara la situación sobre el terreno y luego envió a un hombre de su confianza, el alto representante Ho-Shu, para que ayudara a Lhabsang Khan en la administración de los asuntos tibetanos, con lo que China se implicaba directamente por primera vez en la dirección del Estado tibetano. En cuanto al dalái lama, cuando la joven reencarnación de Rigdzin Tsangyang Gyatso estuvo ya bien protegida, Kangxi firmó un decreto donde reconocía oficialmente al protegido de Lhabsang Khan como el séptimo dalái lama.

Una nueva era

Este acuerdo entre los ocupantes extranjeros del Tíbet no satisfizo de ningún modo a los tibetanos, entre quienes el resentimiento y la revuelta estaban aflorando. Los religiosos, evidentemente, mantenían sus opiniones respecto al que usurpaba el puesto de su líder espiritual, de manera que una resistencia más concreta de lo habitual empezó a tomar forma. Los representantes de los grandes monasterios se reunían en secreto y coincidían en la imperiosa necesidad de deshacerse de Lhabsang Khan, cuyas acciones actuaban en perjuicio de toda la nación tibetana. Además, se iniciaron contactos con los mongoles zungar, un clan rival de los qoshots de Lhabsang Khan. Finalmente, se elaboró un plan enfocado a fomentar una revuelta, reagrupar las fuerzas de los ejércitos tibetano y zungar, y atacar el monasterio de Kumbum para liberar al dalái lama niño. Los conjurados pensaban conducirlo luego a Lhasa e instalarlo en su puesto después de acabar con Lhabsang Khan.

En los días anteriores a la insurrección, los tibetanos consiguieron reunir a más de seis mil guerreros dispuestos a enfrentarse con los mongoles qoshots; los dirigía un antiguo monje de Tashilhunpo, Tsering Dondrup.

En apariencia, Lhabsang Khan desconocía por completo el proyecto que pretendía derrocarlo, pero el emperador chino, en cambio, al tener espías por todas partes, sabía exactamente lo que se estaba preparando. De hecho, no tardó en informar a su aliado mongol, quien, haciendo alarde nuevamente de su autosuficiencia, no dio demasiado crédito a la advertencia de Kangxi y se fue de caza, como tenía previsto, al norte de Lhasa.

Cuando finalmente la operación se puso en marcha, los sublevados, que pensaban hacerse con el niño sin demasiado esfuerzo, fueron detenidos en su avance por los chinos, que les impidieron llevar a cabo sus planes y rechazaron su ataque. Despechados pero aún combativos, tibetanos y zungares decidieron entonces entrar en Lhasa. Gracias a la intervención in extremis de uno de sus hijos, Lhabsang Khan no fue capturado por los sublevados, ya que una resistencia feroz de su escolta le permitió batirse en retirada hacia la capital.

Al final se encontraron todos los beligerantes ante Lhasa, y allí fue donde se produjo el asalto por parte de los revolucionarios el 21 de noviembre de 1714. Los combates causaron estragos durante ocho días y, en la noche del día 30, los sitiados creyeron ver llegar a unas tropas que acudían para socorrerlos y les abrieron una de las puertas de la ciudad. Sin embargo, en realidad se trataba

Una nueva era

de fuerzas de los zungares, que a partir de ese momento dejaron curso libre a su devastadora furia, y se dedicaron a asesinar y saquear durante horas.

El 3 de diciembre el Potala fue atacado. Lhabsang Khan consiguió librarse durante un tiempo, pero finalmente fue muerto en combate. En cuanto al usurpador elevado al rango de dalái lama, se entregó sin la menor resistencia, reconociendo la falsedad de su posición e insistiendo para que le dejaran volver a la tranquilidad de la vida austera de un monasterio. Poco tiempo después, al término de los acuerdos con los chinos, estos lo rescatarían y lo llevarían a China, donde finalizaría sus días en el año 1725.

Al eliminar finalmente a Lhabsang Khan y destituir al usurpador Padkar Dzinpa Ngawang, los tibetanos habían cumplido sus objetivos: poner fin a un yugo que los esclavizaba desde hacía décadas y devolver la esperanza al pueblo. Sin embargo, al mismo tiempo, habían creado una nueva situación que planteaba, a su vez, numerosos problemas.

El primero de ellos guardaba relación con la desbocada conducta de los mongoles zungar, estos aliados circunstanciales que, si bien habían sido indispensables para el levantamiento contra Lhasa, ahora eran incontrolables, puesto que devastaban con método y crueldad una parte del país, principalmente los lugares más sagrados del budismo tibetano.

Además, con el poder espiritual liberado del «falso» dalái lama, era el panchen lama Lobsang Yeshe quien regía temporalmente el destino espiritual del país. Ahora bien, este anciano vinculado a la tradición y el respeto por las leyes autóctonas no aceptaba que los tibetanos, y en primer lugar el líder militar Tsering Dondrup, se hubieran aliado con los mongoles y, de esta manera, participaran en la toma de Lhasa en unas circunstancias terriblemente dramáticas para la población, burlando así los principios más elementales del budismo tibetano, que condenan toda violencia.

En definitiva, aunque liberado, el Tíbet salió exangüe y devastado de este episodio, uno de los más oscuros de su historia, que dejaba desamparados a sus dirigentes temporales y espirituales ante la tarea de devolver al pueblo tibetano su grandeza y su dignidad.

Una vez más, la solución llegaría de Pekín, lo cual demostraba claramente que China ejercía un papel omnipresente en los asuntos tibetanos. Sin duda, nada escapaba al emperador chino, que, como hábil estratega, había permitido que se formaran alianzas y ahora dejaba que se deshicieran. En efecto, sus espías le confirmaron las tensiones crecientes entre tibetanos y mongoles zungar, lo que hacía más evidente que nunca el inminente choque de culturas entre los antiguos aliados.

Kangxi comprendió entonces que le tocaba entrar en escena. Después de dejar que la situación se decantara hacia su bando, el emperador pudo utilizar sus bazas: la primera implicaba a la persona del joven daláilama, lo que era suficiente para ganarse el reconocimiento de los tibetanos; la segunda radicaba en la potencia militar de Pekín, que podría poner freno a las acciones de los zungares.

No fue, finalmente, hasta principios de 1718 cuando los chinos entraron en acción: un ejército avanzó por el altiplano en dirección al Tíbet central. Contra todas las previsiones, los zungares y una parte de las fuerzas tibetanas, que todavía eran aliadas de esta tribu mongol, interceptaron las tropas chinas y masacraron a la casi totalidad de sus pocos miles de soldados.

Al enterarse de la noticia, Kangxi reaccionó sin tardanza. Envió al lugar a más de diez mil hombres fuertemente armados y, además, hizo correr el rumor de que su contingente iba precedido por el joven daláilama, que regresaba, al fin, a Lhasa para ser entronizado. Esta noticia llevó a una buena parte de los tibetanos que seguían aliados a los mongoles a desertar.

Finalmente, en otoño de 1720 los ejércitos zungares fueron derrotados por las tropas chinas; quienes salieron con vida sólo hallaron la salvación en la huida. Durante las siguientes semanas, los tibetanos que seguían siendo fieles a los zungares fueron ejecutados sin ninguna clase de compasión.

El 16 de octubre de 1720, tras el ceremonial y los rituales tradicionales, el séptimo dalái lama fue entronizado en Lhasa, en el recinto del Potala.

Lobsang Kelsang Gyatso, el séptimo dalái lama

Mientras se restablecían la paz civil y el orden público en Lhasa, y poco a poco también en el resto del Tíbet, gracias a la intervención del ejército imperial manchú, todas las miradas y la atención de los tibetanos se dirigían hacia aquel en quien todos ponían sus esperanzas de paz y de retorno a la estabilidad: el séptimo dalái lama.

Nacido en el año 1708, el niño demostró tener desde muy pronto visiones de Buda y «llamadas» que le indicaban que viajaría hasta el Tíbet central para predicar el budismo. Con apenas cinco años, afirmaba ser la reencarnación del dalái lama y los años de exilio bajo control chino no le impidieron recibir una enseñanza del más alto nivel espiritual, que garantizaba una formación perfectamente adecuada a su rango, en contacto con los mayores maestros tibetanos de su tiempo. A partir de los seis años, empezó a conocer las escrituras sagradas. Dos años más tarde, en 1716, pronunció sus primeros votos; fue también por esta época cuando empezó a entrevistarse con los visitantes, demostrando, según la opinión general, un carácter despierto y una sabiduría fuera de lo común. Durante los cuatro años siguientes, el dalái lama fue iniciado en los textos indios y tibetanos fundamentales; evidenciaba una notable facilidad para asimilar las bases doctrinales del Mahayana.

A pesar del difícil contexto político, el joven dalái lama fue llevado a Lhasa cuando tenía doce años y entronizado en presencia de una multitud considerable. Fue entonces cuando el panchen lama Lobsang Yeshe le atribuyó el que sería su nombre definitivo. El séptimo dalái lama se llamaría a partir de entonces Lobsang Kelsang Gyatso («océano de felicidad»).

Durante los siguientes años, el dalái lama completó su aprendizaje, estudiando principalmente los mantras y los tantras; más adelante se inició en la doctrina de la vacuidad, principalmente con la práctica intensiva de diversas técnicas de meditación.

Finalmente, en 1726 pronunció sus votos definitivos, pero su largo aprendizaje no había terminado: «Tras la ceremonia, Lobsang Yeshe permaneció en el Potala con el dalái lama para una larga serie de iniciaciones sobre el legado de Marpa, que había traído de su larga estancia de doce años en la India, en el siglo XI, las obras sobre el arte de la transferencia del principio consciente en otro cuerpo o la infinidad de los campos de Buda, así como los cantos místicos de los poetas tántricos de Bengala».[19]

La habitual vida tranquila del pueblo tibetano parecía recuperarse en el altiplano. El tumulto de las guerras se había mitigado y el país se había reorganizado. Mientras el poder espiritual se asumía de nuevo en una forma legítima, el poder civil recuperaba también todas sus prerrogativas, esta vez fuera de la influencia mongola, y lo tomaban cuatro ministros tibetanos, los *kalon*.

Si los tibetanos en su conjunto no podían más que agradecer este retorno a la paz, lo mismo ocurría con el emperador chino Kangxi, que veía, con el alejamiento de los mongoles, cómo se desvanecía el espectro de un renacimiento del antiguo Imperio mongol.

---

19. Roland Barraux, *op. cit.*

Una nueva era

Pekín oficializó también el Gobierno civil instalado en Lhasa gratificando a sus miembros con títulos honoríficos y reafirmando al mismo tiempo las relaciones inalienables entre ambos países.

Por primera vez desde hacía mucho tiempo, los siguientes años estuvieron marcados por el sello de la paz y del desarrollo. El Tíbet, a la vez que reconstruía aquello que había sido arrasado durante los años de guerra, desarrollaba su comercio y se abría hacia el exterior. Mercaderes y viajeros, comerciantes y exploradores indios, nepaleses u occidentales recorrían el país y relataban lo que a menudo parecía, en estas regiones de clima y relieve frecuentemente hostiles, una auténtica aventura. Todo indicaba que una nueva prosperidad podría encontrar allí un terreno propicio a múltiples desarrollos.

No obstante, una vez más y de manera terriblemente insistente, acechaban las sombras de las tensiones internas al más alto nivel estatal. En efecto, aunque el dalái lama había recuperado su posición y su rango y seguía trabajando intensamente por su elevación espiritual —y, en consecuencia, por la de su pueblo—, en realidad no ocurría lo mismo con su poder político. Es cierto que los ministros tibetanos estaban al mando y dirigían los asuntos del Estado, pero la presencia de una serie de oficiales chinos que los asistían y que, en realidad, controlaban todas sus decisiones, era cada vez más fuerte. El Tíbet había recuperado su independencia de cara a los mongoles, pero sus dirigentes seguían bajo la influencia china. Y esto, al fin y al cabo, no hacía más que provocar desavenencias, que sólo la más pura conveniencia hacía que no degradaran hacia una oposición franca y abierta. Para empeorar la situación, la presencia de una importante guarnición militar china tenía un importante coste económico para el Tíbet, que debía encargarse de mantenerla.

Estos parámetros suscitaron un recrudecimiento de las recriminaciones, algunas de las cuales llegaron hasta el emperador Yongzheng, que había sucedido hacía poco a su fallecido padre Kangxi. El emperador decidió retirar su contingente del Tíbet y reemplazarlo por un «consejero» civil.

Corría el año 1723 y el séptimo dalái lama, que todavía no tenía ni quince años, estaba más ocupado en su formación espiritual que en los asuntos tibetanos. Esto dejaba el campo libre a los auténticos gobernantes del Tíbet, es decir, los cuatro *kalon* que componían el Consejo de Ministros. Y, por desgracia, allí, como en todas partes, hablar de poder era hacerlo de rivalidades, luchas por la influencia e intrigas. El Gobierno del Tíbet no escapó a esta norma, principalmente frente al auto-

Una nueva era

ritarismo del primer ministro Sonam Gyatso, que anteriormente había sido ministro del mongol Lhabsang Khan. Muy pronto, una serie de luchas internas le pusieron en contra de los otros tres *kalon*, la venganza de los cuales fue fomentada por las maniobras intrigantes y subterráneas de Sonam Dhargyé, el padre del dalái lama.

Poco a poco las disensiones de más alto nivel estatal «gangrenaron» el sistema político tibetano. Con el paso de los años, la situación siguió degradándose cada vez que debía tomarse una decisión importante. Y, lógicamente, se produjo el drama, en el año 1727, cuando Sonam Gyatso fue asesinado.

La situación degeneró bruscamente y el Tíbet se sumió en la anarquía. El viceministro Sonam Topgyal, hasta entonces gobernador del Tíbet ulterior y de la parte occidental del país, se alzó con sus tropas y avanzó sobre Lhasa al mando de casi diez mil hombres. Tomó el control de la ciudad sin encontrar resistencia; inmediatamente, informó a Pekín de los últimos acontecimientos y solicitó la ayuda militar de Yongzheng para evitar una guerra civil y devolver a las instituciones tibetanas sus derechos legítimos.

La respuesta de Pekín no se hizo esperar y, como era costumbre en el Imperio del Centro, se produjo con la máxima firmeza: una vez en el lugar, los chinos detuvieron y «descuartizaron» a los dos *kalon* líderes de la rebelión e instigadores del asesinato de Sonam Gyatso y, además, decapitaron a sus hijos. Las penas infligidas al resto de los conspiradores se dejaron a juicio de los tibetanos.

La principal consecuencia de estos acontecimientos reside en el hecho de que, a partir de entonces, Pekín tomó abiertamente a su cargo la dirección política y militar del Tíbet.

El general Gyalpo Miwang,[20] tras acabar con la insurrección, se convirtió en el nuevo regente; este título fue restablecido debido a las circunstancias acaecidas y el ocupante del cargo recibía la asistencia en la dirección del Consejo Superior tibetano de dos representantes de Pekín, los llamados *amban*.

Esta repentina desviación del poder político tibetano irritó hasta tal punto al emperador Yongzheng, que se planteó, como complemento a las disposiciones puramente políticas, asegurarse también garantías de estabilidad a nivel espiritual. Por ello, los chinos se inmiscuyeron por primera vez en la organización espiritual del Tíbet. Intentaron oponerse al dalái lama y al panchen lama: a

---

20. Phola Teji, para los chinos.

Una nueva era

este último le ofrecieron la administración del Tíbet occidental y de una parte del Tíbet central. Sin embargo, a diferencia de lo que preveían los nuevos señores del país, Lobsang Yeshe asumió plenamente su papel, gracias a la sabiduría de su larga experiencia y a su respeto por las tradiciones tibetanas: rechazó el cargo que se le ofrecía, manteniendo así la dirección espiritual por encima de las prerrogativas y las manipulaciones temporales. Pero para cumplir con China, aceptó administrar únicamente la región de Tashilhunpo y Shigatsé.

En el marco de la nueva gestión del país establecida por Pekín, los tibetanos no podían tomar ninguna decisión importante sin el aval de los *amban*, tanto si se trataba de la organización política o de las estructuras económicas, como de cualquier mínimo intercambio con el exterior, ni siquiera de carácter verbal.

A partir de ese momento toda la vida tibetana estuvo bajo control chino. Sin embargo, al «abrir la puerta» a su imponente protector, los líderes políticos tibetanos habían dado en realidad vía libre a las veleidades anexionistas chinas, que encontrarían ahora una legitimidad en la nueva relación de fuerzas. En efecto, ya nada se oponía a una modificación pura y simple de las fronteras entre el Tíbet y China, lo cual iba más allá de la simple «asistencia a un gobierno en peligro» solicitada por el Estado tibetano.

Respaldado por un poder indiscutible, Pekín se apropió de regiones enteras que hasta entonces pertenecían al Tíbet, especialmente Bathang y Lithang, que fueron simple y llanamente «acopladas» a provincias chinas. El Tíbet vio cómo a su territorio se le amputaba una buena parte de su superficie, conservando sólo algunas provincias del Kham al sudeste y el Amdo al norte, sin que en ningún momento al Gobierno civil tibetano se le pidiera su opinión sobre este asunto. En realidad, era China la que dirigía el destino del altiplano tibetano.

La mejor prueba de ello fue que el emperador Yongzheng —por motivos que no salieron a la luz, pero que sin duda procedían de un interés particular— decidió trasladar al séptimo dalái lama a un monasterio con aspecto de fortaleza, denominado Khadog, en territorio chino, más allá de Lithang. Kelsang Gyatso permanecería en aquel lugar seis años, dejando las manos libres a los chinos en todos los campos. Para cumplir con las formas, durante este periodo un lama respetado por todos sería investido en su papel de líder del linaje de los gelugpa, a la espera de que Kelsang Gyatso regresara a Lhasa.

Mientras el dalái lama aprovechaba su alejamiento para continuar enriqueciéndose espiri-

Una nueva era

tualmente bajo la guía de Palden Drakpa, el maestro espiritual del monasterio de Drepung, y luego de su sucesor Ngawang Chokden, su sustituto al frente de los «gorros amarillos» en Lhasa, el lama Tri Rinpoché velaba como podía por la perpetuación de la institución espiritual tibetana y la integridad moral de los monasterios. El panchen lama, por su parte, se encerró en una prudente neutralidad, procurando, sobre todo, no ser «instrumentalizado» por el poder chino.

Al frente del Gobierno, Gyalpo Miwang consiguió reconciliar a las diferentes facciones opuestas en el interior del Estado tibetano, instaurando un equilibrio precario y el regreso efectivo a un principio de confianza recíproca. A largo plazo, este respeto entre todas las partes permitiría incluso minimizar en gran medida el papel de los representantes de Pekín al frente del Tíbet y devolver en unos años a las instituciones tibetanas una legitimidad de pleno derecho.

No fue hasta entonces cuando, al considerar probablemente que ya se había adquirido la estabilidad en las altas esferas del poder, el emperador manchú Yongzheng autorizó el retorno del séptimo dalái lama a Lhasa. Sin embargo, a esas alturas estaba ya claro que Kelsang Gyatso no recuperaría el control de los poderes temporales que tuvieron sus predecesores y que correspondían entonces a la dignidad de dalái lama, porque estos continuaron en manos de un mandatario investido por el emperador chino, primero Gyalpo Miwang y luego uno de sus hijos, Gyurmé Namgyal.

Cuando Yongzheng desapareció en 1735, después de doce años de reinado, le sucedió Qianlong, que de entrada afirmó que mostraría una benevolencia real con el budismo. De hecho, dos de sus primeras decisiones consistieron en recibir al panchen lama con faustos en la corte imperial de Pekín e iniciar las obras de construcción del «Templo de la Felicidad Suprema» en el recinto mismo de la ciudad imperial, el cual no se terminaría hasta diez años más tarde.

Recuperando la tradición eminentemente pastoral de sus predecesores, en el camino de regreso a Lhasa, Kelsang Gyatso se detuvo en todos los monasterios y bendijo a las comunidades monásticas y a los fieles que se agolpaban a su paso, reanudando así los rituales del linaje del que era heredero espiritual. Una vez instalado de nuevo en el Potala, el dalái lama retomó sus entrevistas regulares con el panchen lama, pero esta vez enmarcadas en el monasterio de Tashilhunpo, del cual Lobsang Yeshe no deseaba volver a salir.

En esta misma época, la comunidad de religiosos multiplicó las peticiones de aprendizaje junto a su recuperado líder espiritual. Muy pronto, en el

Una nueva era

célebre marco del monasterio de Sera, Kelsang Gyatso ofrecería su gran saber a miles de monjes, en especial sobre los escritos de Tsongkhapa.

Cuando al fin se recuperó la paz y la calma en el recinto del Potala, el dalái lama prosiguió con su búsqueda de conocimientos, siempre guiado por el viejo maestro del monasterio de Ganden que lo había acompañado en su exilio, Ngawang Chokden. Además, al igual que Rigdzin Gyatso, empezó a escribir poemas, arte para el cual demostró pronto tener un evidente talento.

Cuando falleció el panchen lama, en el año 1737, el dalái lama se ocupó personalmente de las investigaciones para hallar su reencarnación y al año siguiente consagró al niño designado por los monjes: se llamaba Lobsang Jebtsun Palden Yeshe, y Kelsang Gyatso velaría para que recibiera la formación espiritual más adecuada a su rango.

Luego murió el abad de Ganden, el fiel tutor Ngawang Chokden, que se apagó en su retiro del monasterio de Reting, no sin que antes el dalái lama le confesara un reconocimiento eterno por el inmenso saber que le había transmitido.

La situación general era bastante estable, pero la muerte del regente Gyalpo Miwang sumió de nuevo al Tíbet en un periodo conflictivo, desde el momento en que su hijo Gyurmé Namgyal le sucedió y tomó las riendas del poder, en el año 1739.

En un primer momento, el nuevo regente respetó los acuerdos y las relaciones establecidas por su padre con Pekín, pero poco a poco fue tomando distancia con relación a los chinos, y, para empezar, reclamó que se retiraran del Tíbet tanto los representantes del emperador Qianlong como sus tropas. Pekín se limitó a reducir ligeramente el contingente destinado en el Tíbet, manteniendo, sin esconderla, su política colonialista sobre el altiplano tibetano.

Sin embargo, no contaba con la personalidad de Gyurmé Namgyal, que vio en el gesto de Pekín una apertura que le dejaba mayor libertad en su función de regente. Fortalecido por esta interpretación, muy personal, de los hechos, el nuevo señor político de Lhasa soñaba con un poder personal todavía mayor: en este sentido, reanudó el contacto con los mongoles zungar, que, sin embargo, habían dejado unos siniestros recuerdos en la memoria de los tibetanos. Durante las siguientes semanas, los nuevos aliados establecieron un audaz plan con la intención de expulsar a los chinos del Tíbet, gracias a una intervención militar de los mongoles. Sin embargo, los espías de Pekín estaban por todas partes: no tardaron en enterarse de lo que se estaba tramando y enviaron al emperador informes muy precisos de todo ello.

Una nueva era

En su palacio de la ciudad imperial, Qianlong no se alarmó con las noticias que le llegaron del Tíbet, lo cual iba en contra de la enérgica reacción que esperaban impacientemente los dos *amban* destinados en Lhasa. Al ver que China no se tomaba sus informes en serio, los *amban* perdieron repentinamente los papeles y se lanzaron a la más peligrosa de las aventuras.

Sin ni siquiera informar al emperador y apoyándose en el fuerte sentimiento de descontento con la actuación del regente de una parte de la población tibetana, los dos chinos instigaron un atentado contra este y, finalmente, lo asesinaron con sus propias manos después de atraerlo con una falsa invitación a su cuartel.

Por desgracia, la operación se había preparado mal y un miembro de la escolta de Gyurmé Namgyal, que está también condenada a morir, consiguió escapar y dar la voz de alarma por las calles de Lhasa. Aterrado y asombrado por lo que acababa de producirse, el pueblo tibetano se reunió y marchó hacia la morada de los *amban*. El dalái lama, informado también de la terrible ejecución del regente, intentó calmar a la multitud, pero no pudo hacer nada: los guardias de los *amban* fueron asesinados y a ellos mismos no les quedó otra salida más que el suicidio.

Verdades sobre el Tíbet, los dalái lamas y el budismo

Gracias a la intervención de Kelsang Gyatso, la efervescencia se redujo tan rápidamente como había nacido, dejando entrever el inicio de una nueva crisis con China, aun cuando el dalái lama se dispuso a advertir en persona a Pekín de lo que acababa de ocurrir.

La reacción imperial no se hizo esperar: no hubo enfrentamientos, porque cuando la tropa enviada por el emperador Qianlong llegó a la capital reinaba la calma desde hacía bastante tiempo. Sin embargo, la presión china se hizo sentir inmediatamente con una fuerza acrecentada. Si bien el contingente de Pekín se había reducido a quinientos hombres desde hacía un año, la guarnición acogió pronto a más de mil quinientos hombres fuertemente armados. No obstante, lo más grave estaba por llegar.

En efecto, esta nueva explosión de violencia fortaleció la voluntad de Pekín de afirmar un dominio total sobre el Tíbet. En respuesta a las acciones que acababan de cometerse, el título de regente fue finalmente suprimido por Qianlong, quien dictó, con fecha de 23 de abril de 1751, una prescripción que indicaba que el Gobierno tibetano se situaba bajo la responsabilidad del dalái lama y de cuatro ministros, los *kalon*. Así, el poseedor del poder espiritual recuperaba su derecho de precedencia en el Gobierno y la Adminis-

Una nueva era

tración de su país, pero, al mismo tiempo, una cláusula adicional limitaba enormemente esta libertad y concedía a los dos nuevos *amdan* delegados por Pekín el derecho a participar en el Gobierno, lo cual equivalía a ejercer un control todavía más severo sobre las decisiones de este último, en particular en el ámbito siempre sensible y controvertido de las relaciones exteriores.

El Estado tibetano reanudó así, sobre las nuevas bases definidas por los chinos, una relativa estabilidad, con el dalái lama como líder espiritual indiscutible del país y garante oficial del poder temporal, aunque en realidad sus prerrogativas estaban ampliamente «enmarcadas» por los enviados de Pekín.

Esta situación se prolongó durante cinco años, con unas decisiones que en todos los casos privilegiaban la política de Qianlong.

En 1756, Kelsang Gyatso comunicó que había llegado el momento de tomar distancia con el poder temporal, que confiaba al Consejo de Ministros. Tras unas últimas enseñanzas ofrecidas a los monjes del monasterio de Sera, el séptimo dalái lama se retiró durante varios meses. Luego se sumió en una larga meditación y falleció el 22 de marzo de 1757. De la misma manera que sus predecesores, sería inhumado en Lhasa, en el recinto del Potala. Dejaba tras de sí la imagen de un maestro que había sido el poseedor de una ciencia religiosa considerable, así como un escritor con una destacada obra poética.

JAMPEL GYATSO, EL OCTAVO DALÁI LAMA

Una vez trascurrido el duelo oficial de Kelsang Gyatso, el proceso de búsqueda de la reencarnación del dalái lama fallecido se puso de nuevo en marcha. Algunos monjes de los tres grandes monasterios (Sera, Ganden y Drepung) se reunieron y comenzaron las pesquisas. Como requería la tradición, durante semanas y meses recogieron las diferentes señales y presagios, recorrieron el país, escucharon a los testigos, recogieron indicios, rechazaron a veces declaraciones por ser demasiado «interesadas» y, sobre todo, estuvieron alerta ante cualquier rumor poco coherente.

Así fue como descubrieron, al fin, a un niño que se correspondía con lo que buscaban. Vivía en el pueblo de Thobgyal, en la provincia del Alto Tsang. El niño, nacido en julio de 1758, realizó todos los tests con un notable éxito, apenas impresionado por aquellos desconocidos visitantes que se dirigían a él.

Autentificado finalmente por el oráculo oficial, se le entronizó en el Potala el 28 de agosto de

Una nueva era

1762 y luego se le confió al panchen lama a fin de que este iniciara su educación espiritual y le atribuyera, además, su nombre definitivo. Esto tuvo lugar durante la ceremonia de los primeros votos (*getsul*) del joven dalái lama, que desde entonces se llamaría Jampel Gyatso («océano de mansedumbre y de gloria»). Por supuesto, la corte imperial china ratificó oficialmente la designación del joven como la reencarnación de Lobsang Kelsang Gyatso.

Los primeros años de formación de Jampel Gyatso se desarrollaron en un ambiente general de paz y de serenidad que el Tíbet no había vivido desde hacía mucho tiempo. Las instituciones cumplían su función sin mayores problemas y los representantes de Pekín no se hacían más presentes de lo necesario.

Se designó a un monje para reemplazar al dalái lama durante su infancia, aunque no contaba con la función de regente. Se llamaba Demo Tulku y le sucedió en el año 1777 Ngawang Tsultrim; este había sido anteriormente, durante casi quince años, el preceptor tibetano —y el consejero— del emperador chino Qianlong.

Los años fueron pasando así, con un sabio equilibrio entre los imperativos gubernamentales del Tíbet, el poder espiritual representado por el joven dalái lama que se formaba en los misterios de su rango y la tutela china, que dejaba cierta autonomía a los dirigentes tibetanos.

Bajo la dirección del panchen lama Palden Yeshe, Jampel Gyatso mostró una auténtica dedicación al estudio, en compañía de los grandes maestros del budismo tibetano y de los textos fundamentales de la doctrina, en la más pura tradición que había presidido la formación espiritual de sus augustos predecesores.

En realidad, el Tíbet debía su relativa tranquilidad respecto a su imponente vecino chino al hecho de que Pekín estaba ocupada en contener las cada vez más apremiantes veleidades expansionistas de los imperios occidentales, Rusia e Inglaterra, que no ocultaban su voluntad de anexionarse el mayor número de territorios posible.

Respecto a los rusos, el Imperio chino debía enfrentarse al problema de los mongoles kalmuk, que en el pasado habían sido empujados hacia el oeste, pero que ahora se hallaban de nuevo desarraigados, esta vez en dirección al este, y soñaban con recuperar las tierras de sus antepasados en Asia central. Ahora bien, para los rusos, la partida de los mongoles representaba un lucro cesante a todos los niveles; por tanto, se opusieron a ella, bloqueando a un gran número de ellos, mientras que el resto se ponía bajo la protección china. De ahí surgió la tensión casi palpable entre rusos y chinos.

Una nueva era

En cuanto a los británicos, el conflicto se localizaba en el subcontinente indio; las tropas imperiales habían ocupado una parte de este, por lo que no tardaron en constituir un problema para el emperador Qianlong. En efecto, a medida que el Imperio mongol perdía poder, los ingleses ganaban terreno y se instalaban en la zona de manera permanente, pero también cada vez más ambiciosa respecto al control de las riquezas de este extenso continente, sobre el que consideraban, además, que tenían «derechos».

Sin embargo, no se podía volver a discutir así el equilibrio, a menudo ya precario, de una región. Cuando los ingleses llegaron a Bengala, el rajá de Bután se creyó perjudicado y lanzó a sus guerreros a la llanura oriental de la región. Lo hizo sin contar con la potencia colonial inglesa, que enseguida respondió al ataque y puso en dificultades a los butaneses; estos no vieron más salida que recurrir a la ayuda del Tíbet y se dirigieron al panchen lama. Finalmente, como sabio astuto y gran diplomático, Palden Yeshe mitigó la crisis, disculpó la actitud de Bután y consiguió tranquilizar a los ingleses. Por otra parte, todo esto tuvo como consecuencia que George Boyle, un súbdito británico enviado por Warren Hastings, gobernador de Bengala, realizara una visita al panchen lama en Tashilhunpo de casi un año de duración (1774-1775).

En definitiva, esta intervención del panchen lama reforzó notablemente su prestigio personal ante el emperador chino, quien ya lo tenía en gran estima. Sin embargo, contra todo lo esperable, estas idílicas relaciones no durarían mucho.

Palden Yeshe era, ante todo, un tibetano. Y, en este sentido, a pesar de la gran diplomacia que sabía demostrar, aceptó mal —y este término es muy suave— el dominio de los chinos sobre su país. Los cambios que se perfilaban en esta región del mundo, con el fuerte impulso del colonialismo de la Europa occidental, constituían para Palden Yeshe una inesperada oportunidad de tejer vínculos con nuevos países y, en cierto modo, acabar con las relaciones políticas y comerciales limitadas a China. En otras palabras, allí donde el emperador Qianlong veía agresiones por parte de terceros países, el panchen lama percibía posibilidades de apertura para su país, susceptibles de aflojar la cuerda china que tanto apretaba el cuello de los dirigentes tibetanos. Al facilitar el comercio con los ingleses, Palden Yeshe pensaba favorecer una nueva relación de fuerzas en la región, vivificando en los espíritus británicos la vieja idea de una ruta comercial que uniera Occidente con China. Esta ruta, además, permitiría hacerse, de paso, con las riquezas mineras subterráneas del altiplano tibetano.

Una nueva era

Sin embargo, los planes del panchen lama no pasaron desapercibidos ni en Lhasa ni en la corte imperial de Qianlong. Los *kalon* del Gobierno tibetano siguieron mostrándose suspicaces con los extranjeros, y los *amban* enviados por Pekín se indignaron ante el intento de acercamiento del panchen lama a los británicos. De modo que unos y otros mostraron un rechazo categórico cuando George Boyle, en busca de una mayor imposición, pidió audiencia al dalái lama. Finalmente, el británico dejó el Tíbet en el año 1775 sin haberse entrevistado con el líder espiritual tibetano.

Aparentemente para suavizar las relaciones que, poco a poco, se habían tensado entre Pekín y Lhasa, y preocupado aún por mantener un equilibrio viable para su país, el panchen lama decidió finalmente, en el año 1778, aceptar la invitación del emperador Qianlong de ir a Pekín. Además de tener en cuenta la carga política que implicaba la visita, el panchen lama sabía que el emperador se mostraba muy sensible con los fundamentos del budismo, hasta el punto de haber hecho traducir al chino antiguos textos mongoles y tibetanos.

De camino hacia la capital china, Palden Yeshe y su séquito se detuvieron en Lhasa, donde el panchen lama recibió los votos de ordenación de segundo grado *(gelong)* de Jampel Gyatso, que proseguía su iniciación espiritual de cara a asumir plenamente su rango como octavo dalái lama.

Al llegar a Pekín, en el verano del año 1780, el panchen lama se alojó en el suntuoso palacio edificado en el pasado para el quinto dalái lama. Por desgracia, la estancia del panchen lama duró poco: en noviembre, sucumbió a la viruela. Al término de un gran luto oficial, en el mes de noviembre de 1781, su cuerpo fue repatriado hasta Tashilhunpo. Poco después, su reencarnación se encontró en la persona de un niño que respondía a todos los criterios de selección; pronto sería llamado Tempai Nyima y se convertiría en el cuarto panchen lama.

El futuro demostraría que Palden Yeshe había sido un hábil diplomático y un astuto político, que había conseguido mantener una estabilidad relativa para su país, a pesar de la juventud y la inexperiencia del dalái lama, por una parte, y de las presiones chinas y las intrigas en el seno mismo del Gobierno tibetano, por la otra. A pesar de las esperanzas puestas en ellos, sus sucesores no demostrarían la misma clarividencia, y el altiplano tibetano se sumiría de nuevo en las angustias de la discordia.

Así ocurrió especialmente cuando los hermanos del difunto panchen lama se querellaron por cuestiones de poder. Algunos lamas veían con

Una nueva era

buenos ojos la vuelta a una buena posición de los «gorros rojos», quienes, apoyados por uno de los hermanos de Palden Yeshe, recurrieron al Nepal para resolver la crisis.

Ahora bien, desde hacía años, unas importantes diferencias comerciales enfrentaban al Nepal y al Tíbet; ambos países no habían conseguido ponerse de acuerdo acerca de los derechos imputados a los mercaderes nepaleses que importaban sal procedente del Tíbet. En varias ocasiones, los dirigentes habían intentado instalar establecimientos de intercambio en suelo tibetano, pero el panchen lama, inflexible, siempre se había negado. La llamada de auxilio de uno de los hermanos de este ofrecía de repente una inesperada ocasión a los nepaleses de cruzar la frontera y penetrar en ese Tíbet que durante tanto tiempo les había estado prohibido y que, según parecía, contaba con riquezas minerales inigualables, sin olvidar los tesoros que ocultaban los innumerables monasterios.

Así pues, los gurkas nepaleses entraron en el Tíbet en abril de 1790, derrotaron a las pocas tropas tibetanas y chinas que intentaron detenerlos, se hicieron con varias ciudades y no se detuvieron hasta llegar muy cerca de Lhasa. Hubo un gran sobresalto en la capital, donde esta expedición fue considerada de una gravedad extrema.

Sin embargo, las fuerzas presentes y la guarnición de Lhasa no permitían oponer una resistencia frontal real a los intrusos. En consecuencia, los *amban* y el general chino establecido en el país decidieron negociar con los nepaleses y forzaron a los tibetanos a ponerse de acuerdo con ellos en lo referente al comercio.

Los nepaleses deseaban conservar y anexionar las tierras recientemente conquistadas; sin embargo, al término de ásperas discusiones, el Gobierno tibetano cedió sólo al pago de un tributo anual de cincuenta mil rupias como compensación por los impuestos que tenían que pagar anualmente en la frontera entre ambos países.

El general chino que había tratado con los invasores decidió enviar un informe a Pekín —marcadamente elogioso consigo mismo— acerca de la crisis y el resultado acordado, que parecía satisfacer a todo el mundo. O a todos menos al emperador Qianlong, porque inmediatamente dio a conocer al interesado su descontento, empujando al general al suicidio.

Sin embargo, el asunto nepalés no acabó aquí. Por mucho que les hubieran obligado a firmar el acuerdo, no por ello los tibetanos dejaban de considerar que estaban en su pleno derecho a oponerse al tratado. Efectivamente, el primer año pagaron el tributo convenido para calmar los ánimos,

Una nueva era

pero luego se negaron a continuar haciéndolo, argumentando que el dalái lama no había ratificado en persona el acuerdo en cuestión.

Evidentemente, los nepaleses se enfadaron, se dispusieron a reunir un nuevo contingente de tropas y volvieron a cruzar la frontera, esta vez con casi veinte mil hombres. El 28 de septiembre de 1791, Shigatsé fue tomada y saqueada. La reacción de China no se hizo esperar. Después de pedir a los nepaleses que les entregaran al hermano del panchen lama —Cha-Mar-Pa, el supuesto autor de estos disturbios—, Pekín decidió acabar con la revuelta nepalesa. En unas semanas, llegaron a Lhasa más de setenta mil hombres armados. Sin embargo, habría que esperar a mayo de 1792 para que la batalla de Tingri acabara con las esperanzas nepalesas: los supervivientes no tuvieron más remedio que huir, perseguidos con ardor por los tibetanos, que se habían unido a los chinos para expulsar a los intrusos de su país.

Tras sufrir un prudente rechazo por parte de los británicos, a quienes habían solicitado ayuda en su derrota, los nepaleses se vieron obligados finalmente a llegar a un acuerdo, por el que se comprometían a devolver el producto de los saqueos cometidos en Shigatsé y a pagar un tributo a Pekín cada cinco años.

Una vez más, pasada la crisis, pesarían sobre el Tíbet los recientes acontecimientos, porque la posición de China en el altiplano tibetano se veía reforzada aún un poco más. Argumentando una falta de rigor que había permitido a la incursión nepalesa alcanzar tal nivel, el emperador Qianlong castigó a quienes se habían aliado con Nepal y luego reforzó su presión iniciando pura y llanamente una reforma de las instituciones tibetanas, a fin de que ese tipo de conflictos entre vecinos no volviera a producirse.

A partir de entonces los representantes de Pekín estuvieron más implicados y tuvieron una responsabilidad y una competencia mayores a la hora de opinar acerca de la administración del Tíbet, de acuerdo con el dalái lama y el panchen lama. En todos los ámbitos de la vida pública —empleos de alto nivel, finanzas, justicia, comercio...—, las decisiones principales debían contar con el acuerdo de los *amban* chinos. Con el propósito de poner fin a los problemas monetarios, se creó una moneda de plata.

Por otro lado, el poder espiritual también se vio afectado por estas nuevas disposiciones. En efecto, Pekín puso intensamente en duda el proceso de designación de los dignatarios eclesiásticos, en particular la elección del dalái lama por reencarnación. El principio de los títulos hereditarios también se puso en duda, con el pretexto de que así se permitía acceder a cargos de responsabilidad a personas incompetentes que no estaban capacitadas para asumirlos. Esta nueva intervención de China en los asuntos espirituales tibetanos fue finalmente expuesta en un edicto imperial que el emperador Qianlong hizo llegar a Lhasa en el año 1793 y cuyos pasajes más importantes afectaban a las altas instancias tibetanas: «El dalái lama y el panchen lama son los discípulos más elevados de Tsonkhapa. Durante siglos han sido los dirigentes de la escuela de los "gorros amarillos" y son profundamente reverenciados por los mongoles y los tibetanos. Durante estos últimos tiempos, los métodos empleados para designar a sus reencarnaciones no han sido afortunados y han debilitado su significado espiritual. Además, las preferencias personales han hecho que se atribuyera a familiares de khanes, príncipes o duques unos oficios que se convierten así en poco más que beneficios hereditarios. La ley budista no reconoce dichos principios.

»[...] Nosotros, protectores de la escuela de los "gorros amarillos" y deseosos de corregir estos abusos que ya duran demasiado, hemos mandado fabricar una urna de oro y hemos designado a unos oficiales para acompañarla hasta Lhasa e instalarla en el templo de Jokhang. Cuando, en conformidad con la tradición, el dalái lama, el panchen lama o cualquier otro gran lama se reencarne, se hará una selección entre los niños que presenten señales de la reencarnación; el nombre y la fecha de nacimiento de cada uno de ellos serán escritos en una tablilla que será colocada dentro de la urna. Durante una semana se celebrarán servicios religiosos. Luego, en presencia de los *amban*, se extraerá una tablilla de la urna, se presentará públicamente a todos los asistentes y así se designará la reencarnación».[21]

Este texto garantizaba un dominio todavía más fuerte de los chinos en el conjunto de la vida política, económica y espiritual del Tíbet, lo que significaba que a partir de entonces los aspectos de la vida cotidiana eran regulados casi por completo por China. Los hechos demostraban, en efecto, que toda intervención de Pekín procedía ahora de una voluntad política basada en cálculos a largo plazo: estaba claro, en el espíritu del señor de la corte imperial, que el Tíbet era una «propiedad» china. Desde ese momento, para Pekín, sólo se trataba entonces de hallar un sutil equilibrio entre el representante oficial del budismo tibetano —el dalái lama—, que encarnaba el más alto grado de

---

21. Roland Barraux, *op. cit.*

Una nueva era

espiritualidad, y el sistema de valores del Imperio chino, que velaba por la paz y la seguridad en el altiplano tibetano, todo a fin de que los representantes de cada sistema de pensamiento conservasen su dignidad y las prerrogativas surgidas de su pueblo.

Huelga decir que los textos oficiales de Pekín quedaron en papel mojado, porque los tibetanos estaban empeñados en conservar intactas sus tradiciones, tanto en lo referente a los asuntos del Estado, como a la designación de los daláis lamas, demostrando en varias ocasiones cómo se podía eludir fácilmente una ley considerada inicua e inadaptada. El pueblo conservaría siempre en su espíritu esta singularidad, esta libertad de pensamiento y esta espiritualidad que en todo momento habían conformado su especificidad, a pesar de los múltiples intentos por sojuzgarla.

En cuanto al octavo dalái lama, Jampel Gyatso, superaría las pruebas de su época sin implicarse en ellas realmente, más preocupado por la búsqueda espiritual que por dejar huella en los asuntos temporales de su país. Desapareció en 1804, cuando tenía solamente cuarenta y seis años, sin haber salido en realidad del capullo que lo había visto nacer.

Destinos trágicos

Lungtok Gyatso, el noveno dalái lama

Como era de esperar, no fue el emperador Jiajing, ni la urna de oro de Qianlong, a quien aquel había sucedido en 1796, quienes eligieron el nombre del noveno dalái lama, sino la designación tradicional tibetana, en conformidad con los rituales consagrados desde hacía tanto tiempo.

Al cabo de casi tres años de búsqueda, los monjes de Sera, Ganden y Drepung, guiados como de costumbre por las señales, los presagios y los rumores, localizaron al fin a un niño que respondía a los criterios de base en un pueblo del Kham, de nombre Denma Thubten Chokor. Una vez en el lugar, la delegación dirigida por el panchen lama no tuvo ninguna dificultad, basándose en los tests, para autentificar en el joven niño la reencarnación de Jampel Gyatso.

En las semanas siguientes, el joven maestro espiritual fue llevado a Lhasa, al mismo tiempo que un mensaje del Gran Consejo tibetano informaba a los chinos de la identificación del sucesor de la casta de los dalái lamas. A cambio, Jiajing oficializó esta designación y concedió a la familia del elegido títulos de nobleza inherentes a su augusto descendiente.

Pekín había comprendido perfectamente que la opción de la jerarquía espiritual tibetana no había tenido en cuenta la recomendación china de proceder a un sorteo por medio de la urna de oro ofrecida por Qianlong. Sin embargo, la opción de los tibetanos fue confirmada, con la precisión, no obstante, de respetar la regla dictada por Pekín durante el siguiente nombramiento de un niño para el rango de dalái lama.

Así pues, el 20 de noviembre de 1808 el nuevo líder espiritual tibetano fue entronizado en Lhasa, en el recinto del Potala. El panchen lama en persona presidió la ceremonia y atribuyó al joven dalái lama su nuevo nombre: a partir de entonces se llamaría Lungtok Gyatso («océano de profecías»). A partir de esa fecha, el niño comenzó su iniciación a la vida austera y estudiosa de los dalái lamas. Lungtok Gyatso se mostraba vivo y despierto, animado por una inteligencia evidente y con avidez por aprender.

Destinos trágicos

Mientras la situación general del Tíbet parecía haberse estabilizado durante un tiempo —a pesar de algunos conflictos internos entre facciones religiosas—, el heredero espiritual del Tíbet crecía en un ambiente ideal para la formación que estaba destinado a recibir, bajo la mirada complaciente del panchen lama y de los principales maestros tibetanos de su tiempo. Sin embargo, no podía decirse que el Tíbet hubiese encontrado en el crío el garante de su equilibrio y de su estabilidad futuros. Probablemente después de coger frío durante el festival anual de Monlam, a principios del año 1815, Lungtok Gyatso contrajo una neumonía y falleció en pocos días. Tenía sólo nueve años. Su desaparición sumió al Tíbet en el estupor y el dolor. Para los grandes lamas de los principales monasterios de Sera, Ganden y Drepung, la desaparición prematura del noveno dalái lama era un indicador de que los tiempos estaban cambiando. La perpetuación espiritual del Tíbet había quedado perturbada, ya que, al parecer, el fallecimiento de Lungtok Gyatso señalaba una ruptura flagrante con la armonía que había presidido en el pasado el destino eminentemente espiritual del altiplano tibetano. De hecho, los acontecimientos futuros demostrarían que el Tíbet nunca volvería a ser el remanso de paz y serenidad que había sido hasta entonces.

Lobsang Tsultrim Gyatso, el décimo dalái lama

Como si una máquina infernal hubiera sido activada de repente, poco después de la muerte de Lungtok Gyatso el monasterio de Samyé fue presa de las llamas, que destruyeron para siempre algunos de los escritos sánscritos más raros. Puesto que era el monasterio más antiguo de todo el Tíbet, albergaba una cantidad inigualable de manuscritos y libros, que desaparecieron repentinamente, hecho que constituyó una nueva señal nefasta, que se sumaba a las observadas con anterioridad.

Durante los meses que siguieron a la muerte del noveno dalái lama, las búsquedas por encontrar su reencarnación se iniciaron según las prácticas habituales. Cuando al fin se localizó a un niño, en la provincia del Kham, cerca de Lithang, en un pueblo llamado Nastod Norbugron, todas las atenciones se dirigieron a él. Había nacido en 1816 y tenía ya seis años. Se repitió el proceso de identificación, y las respuestas del niño estuvieron a la altura de las expectativas de la delegación de monjes. Así pues, se llevó al muchacho a Lhasa y se informó a Pekín del descubrimiento del nuevo dalái lama.

Sin embargo, una vez más, los chinos quisieron intervenir en los asuntos tibetanos, o más bien hacer respetar los acuerdos firmados en el pasado. De nuevo, tropezaron con el proceso de designación, que pronto constituyó un problema entre los dos países. Mientras que para el panchen lama y las altas instancias religiosas no cabía duda en cuanto a la identidad del nuevo líder espiritual tibetano, Pekín insistía en que fuera respetado el modo de selección por sorteo instaurado por Qianlong y dio instrucciones en este sentido: el nombre del niño debía escribirse en un pedazo de papel e introducirse en la urna de oro junto con el de otros dos pretendientes al cargo. Esto resultaba tan inconcebible para los tibetanos —y lejano a la realidad espiritual de la transmisión por reencarnación— que, al final, en lugar de doblegarse ante las órdenes del emperador Jiajing, sobornaron a uno de los *amban* chinos destinados en Lhasa. Así pues, como por casualidad, el nombre del joven identificado por la delegación de lamas fue extraído de la urna durante una ceremonia pública solemne, el 6 de febrero de 1822. De inmediato se envió un informe a Pekín, que esta vez dio su conformidad y avaló la elección.

El nuevo dalái lama empezó entonces su iniciación, bajo la dirección del panchen lama Tenpai Nyima, que le dio su nombre definitivo: se llamaría a partir de entonces Lobsang Tsultrim Gyatso («océano de moralidad»). Su formación duraría casi doce años, al término de los cuales pronunciaría sus votos de entrada definitiva en la vida monástica, en marzo de 1834. Mientras tanto, el Tíbet experimentó una evolución que también marcaba un cambio de época. Cada vez era más evidente que los poderes temporal y espiritual estarían separados para siempre: el tiempo en que el dalái lama era el garante del poder en todos los ámbitos parecía haber quedado atrás irremediablemente.

Al cabo de los años, se hizo difícil hacer convivir de un modo armonioso las tradiciones tibetanas y las aspiraciones a la modernidad de las nuevas generaciones. En este sentido, la presión de los occidentales planteaba graves problemas al Imperio chino, que veía sus prerrogativas comerciales «encogidas» debido a acuerdos de comercio que realmente no podía rechazar. Sólo la fe tibetana y el fervor de los lamas parecían intactos, generando siempre muchas vocaciones, hasta el punto de que en el año 1845 había unos tres mil seiscientos monasterios, ocupados por más de ochenta mil monjes.

Sin embargo, en el marco del poder temporal era donde la evolución de la sociedad tibetana resultaba más evidente, y, como consecuencia de ello, cada día se distanciaba más de las tradiciones ancestrales del Tíbet. En realidad, se exportaban al Tíbet la organización y la estructura estatal chinas. Los asuntos eran administrados cada vez más bajo el control y a la manera de los chinos, si bien seguía siendo la nobleza tibetana la que ocupaba la mayor parte de los cargos oficiales.

En todos los niveles seguía siendo obligatorio solicitar la conformidad de los *amban* —esto es, de Pekín— antes de tomar una decisión, lo cual coartaba la responsabilidad tibetana, dejándola en una situación que muchos consideraban insostenible. Habían conseguido la paz, sin duda, pero a qué precio...

Salvo un enfrentamiento con Cachemira, que acabó con la victoria de las tropas tibetanas, el Tíbet no sufrió ningún conflicto particular a principios del reinado espiritual de Lobsang Tsultrim Gyatso. Por desgracia, nuevamente la mala suerte golpeó al Tíbet, que pasaba de un infortunio a otro: de repente, sin explicaciones concretas, el décimo dalái lama falleció el 30 de septiembre de 1837, con apenas veintiún años de edad. Se habló de la caída del techo de su habitación en el recinto del Potala, de una larga enfermedad e, incluso, de un acto malintencionado perpetrado por instigación del regente. Sin embargo, esa muerte fue, en definitiva, todo un misterio y un golpe terrible para la comunidad religiosa y la mayoría de la población tibetana, que, a pesar de la evolución de los tiempos, nunca había dejado de venerar a su dalái lama.

Lobsang Khedrup Gyatso, el undécimo dalái lama

En Lhasa y en todo el altiplano tibetano, la desaparición de tres dalái lamas en treinta y tres años marcó bastante los espíritus. Nunca en el pasado el Tíbet se había sentido en un desamparo espiritual semejante. Al pueblo, tan vinculado a las señales y los presagios, a la tradición religiosa más pura, se le estaban borrando los puntos de referencia, y parecía que desaparecían las raíces culturales de las generaciones pasadas. Y no eran los militares ni los *amban* chinos, los comerciantes nepaleses o indios, los artistas musulmanes o los viajeros occidentales, con sus propias costumbres, quienes estaban cambiando nada. Sin duda, eran tiempos de incertidumbre, y de múltiples preguntas, a fin de intentar comprender lo que había podido hacer mal el pueblo tibetano para ser interpelado y herido de ese modo.

En este ambiente más que sombrío, mientras a las puertas del país se preparaba en silencio la guerra entre chinos y británicos, el regente Samadhi Bakshi inició la búsqueda de la reencarnación de Tsultrim Gyatso. Desde 1819, fecha de su acceso al poder, el lama originario de Amdo había puesto en marcha el engranaje de un poder personal fuerte y duradero de manera paciente y minuciosa. Así, había conseguido influir sobre los *amban* chinos y los *kalon* del Gobierno tibetano, puesto que tanto unos como otros habían demostrado su poca altura política y, en definitiva, se alegraban de que se les descargara de sus muchas responsabilidades.

Con poca prisa por ver a un guía espiritual creciendo junto a él, el regente inició la búsqueda de la reencarnación del décimo dalái lama sin precipitación, sabiendo, como diplomático astuto, que el tiempo jugaba a su favor. Así, los monjes de la delegación de los tres grandes monasterios tardaron más de tres años en encontrar finalmente al que buscaban en la persona de una joven criatura nacida en octubre de 1838 en una región situada en los límites del Kham y de Sichuan.

Otros tres años pasaron antes de que la ceremonia del «sorteo» deseada por Pekín se desarrollara en público en Lhasa, el 8 de septiembre del año 1841, en presencia del enviado del emperador Daoguang. Como había ocurrido anteriormente y sin que los representantes chinos sospecharan nada, el «azar» hizo bien las cosas y el niño designado por el poder espiritual fue finalmente reconocido como la reencarnación de Tsultrim Gyatso. Menos de un año más tarde, en mayo de 1842, en el Potala, el panchen lama Tenpai Nyima entronizó oficialmente al undécimo dalái lama y le dio su nombre definitivo: Lobsang Khedrup Gyatso («océano de saber y de realización personal»).

Empezó entonces para el joven dalái lama, portador de todas las esperanzas tibetanas, una iniciación según los ritos establecidos desde hacía varias generaciones, bajo la benevolente protección del panchen lama y con las enseñanzas de los lamas más eruditos del momento. Al mismo tiempo, el regente usó y abusó de sus prerrogativas temporales, multiplicando abusos e injusticias, procurando presentar un «perfil bajo» a la corte imperial de Daoguang, cuya confianza conservaba todavía. No obstante, sus acciones alimentaron un resentimiento creciente entre la población tibetana, que veía con malos ojos esta desviación del poder temporal para beneficio de un lama que, poco a poco, se había convertido en un dictador sin moral. La ira popular alcanzó su paroxismo cuando el regente dio un paso más y pretendió desplazarse en silla de manos precedida por un palio, privilegio desde siempre acordado únicamente para el dalái lama y el panchen lama. Era demasiado. Unos emisarios tibetanos contactaron con Pekín para poner fin a los abusos de Samadhi Bakshi, que finalmente fue detenido y exiliado a Manchuria.

La paz civil pudo entonces recuperar sus derechos, con el panchen lama ejerciendo el poder al frente de los asuntos temporales durante un ínterin de unos meses, antes de que se nombrara un nuevo regente en 1845. Se trataba de Yeshe Rating, que en compañía del Consejo de Ministros tibetano pronto restableció la estabilidad social.

El joven dalái lama seguía su iniciación según las ancestrales reglas tibetanas; el poder temporal era de nuevo coherente; los años pasaban al fin en calma y con la perspectiva de un posible regreso a la normalidad. Es cierto que los sobresaltos políticos externos al Tíbet, sobre todo los conflictos entre chinos y británicos, inquietaban a los tibetanos, pero por el momento la paz interior estaba garantizada y permitía gozar de una apariencia de equilibrio después de los sufrimientos pasados.

Fue entonces cuando Tenpai Nyima, el anciano panchen lama, de ochenta años, falleció, en 1854. Su reencarnación, nacida ese mismo año, sería pronto identificada en un joven muchacho que se convertiría en el quinto panchen lama con el nombre de Chokyi Drakpa.

Al año siguiente, el undécimo dalái lama fue al fin entronizado, en marzo de 1855, en el recinto del Potala, como dictaba la tradición. Tenía diecisiete años, y su formación espiritual lo había convertido en un ser que, en opinión de todos, era muy despierto y, sobre todo, consciente del papel que iba a desempeñar en la historia del Tíbet. De este modo se convirtió en el poseedor del poder espiritual, y, al mismo tiempo, el regente quedó borrado para delegar en él la responsabilidad del poder temporal.

A modo de prueba sobre su aptitud para dirigir el Tíbet, Khedrup Gyatso tuvo que hacer frente, un año después de su entronización, a una nueva incursión de los nepaleses en el Tíbet, que rompían así de manera flagrante el tratado de 1792. Transcurrieron dieciocho meses de duros combates en el altiplano tibetano antes de que ambos países llegaran a un nuevo acuerdo, ratificado y firmado en marzo de 1856.

Este acuerdo instauraba las reglas para la paz y las relaciones de buena vecindad e incluía normas para el comercio y los residentes de cada país en territorio vecino. Sin embargo, esta salida, que sellaba un nuevo entendimiento entre los dos gobiernos, no llegó a ser conocida por la persona principal del Tíbet, porque, para consternación general, Khedrup Gyatso falleció el 31 de enero de 1856, a la temprana edad de diecisiete años. Una vez más, y en una inquietante repetitividad, no se sabría jamás la verdadera causa de la muerte del dalái lama.

Lobsang Trinley Gyatso, el duodécimo dalái lama

Tras la muerte de Khedrup Gyatso, se solicitó al antiguo regente, Yeshe Rating, que se encargara de los asuntos tibetanos y tomara las riendas del destino de un Tíbet literalmente traumatizado por este nuevo golpe del destino. Tibetanos y chinos se felicitaron por esta oportunidad, que permitió al país no sumirse, además, en un caos organizativo. Durante las semanas siguientes, Yeshe Rating puso en marcha el proceso de búsqueda de la reencarnación del dalái lama difunto, y muy pronto la delegación compuesta por monjes de Sera, Drepung y Ganden se puso manos a la obra. Después de casi dos años fueron identificados tres jóvenes muchachos susceptibles de cumplir, en un primer grado, con lo que buscaban los monjes. Al parecer, por una vez, la regla establecida por los chinos debería ser respetada. Todos los testigos afirmaban que el niño nacido en diciembre de 1856, y cuyo nombre salió finalmente de la urna de oro de Qianlong, era, efectivamente, el duodécimo dalái lama.

Sin embargo, teniendo en cuenta el rigor y la vigilancia espiritual de los más altos dignatarios eclesiásticos tibetanos, podemos preguntarnos acerca de la precisión de dicha elección: o bien el sorteo había sido llevado a cabo de manera simbólica, como en el pasado, designando al niño que ya había sido elegido previamente por los monjes, o bien había sido efectivamente el azar el que había actuado... y los hechos venideros podrían tener una resonancia muy particular de que así había sido.

De cualquier modo, el sucesor de Khedrup Gyatso fue designado oficialmente y entronizado el 26 de febrero de 1858. Puesto que el panchen lama titular, Chokyi Drakpa, no estaba capacitado para dar su nombre definitivo al duodécimo dalái lama —porque sólo tenía cuatro años de edad—, fue Yeshe Rating quien finalmente tuvo dicho privilegio: el nuevo maestro espiritual del Tíbet iba a llamarse Lobsang Trinley Gyatso («océano de las obras de Buda»). Empezó entonces, en la más pura tradición tibetana, una iniciación que duraría años para forjar el espíritu de quien ahora era ya el guía espiritual del Tíbet, pero no podía asumir todavía su cargo.

En cuanto al poder temporal, Yeshe Rating tenía mucho trabajo debido a las intrigas y las luchas por la influencia que minaban las más altas esferas del Gobierno tibetano. Todo conducía a creer que los valores morales y éticos que habían presidido en el pasado el equilibrio y la armonía de la sociedad tibetana se habían desvanecido y habían dejado vía libre a bajas consideraciones de intereses personales, con las relaciones de alto nivel haciendo y deshaciendo lo que algunos consideraban desde entonces «carreras».

Así sucedió cuando Yeshe Rating, después de que tuviera conocimiento de determinadas malversaciones, mandó arrestar al *kalon* Gyalpo Shatra, acusado de desviación de subvenciones para beneficio del monasterio de Drepung. Sin embargo, utilizando sus contactos, el acusado consiguió salir libre y aprovechó esta ventaja para nombrar a su cómplice en Drepung para el rango de *kalon*, antes de perseguir a Yeshe Rating por fraude en la elección del dalái lama. El regente no tuvo más remedio que huir, y fue a refugiarse a China, donde solicitó ayuda al emperador Tung Cheh. Finalmente fue atendido, pero murió durante el largo camino de regreso al Tíbet.

Mientras tanto, el infame Gyalpo Shatra detentaba las riendas del poder temporal en Lhasa. Sin embargo, su «reinado» duró poco, porque falleció en 1864, y pronto fue reemplazado por uno de sus allegados, Palden Dondrup. Este último en unos meses se hizo cargo de los asuntos del Tíbet de manera enérgica, mandándose llamar primer ministro y gran chambelán con objeto de asegurarse un poder en exclusiva. Asimismo, aprovechó para controlar, en parte, el poder espiritual nombrando a un asistente para el joven dalái lama, Khenrab Wangchuk, un monje del monasterio de Drepung.

Sin embargo, no bastaba con colocarse al frente del Estado para gobernar; también —y sobre todo— era necesario tener competencias para hacerlo. Ahora bien, los hombres que entonces se encargaban de la dirección temporal del Tíbet estaban lejos de asumir realmente dicha función. En consecuencia, se asistía lógicamente a una especie de «delicuescencia gubernamental», con luchas internas entre clanes, rivalidades de poder entre familias espirituales y monasterios que intentaban sobresalir por encima de los demás, como en el pasado. Las intrigas de palacio eran algo habitual, y nadie escapaba a ellas. Después de monopolizar el resentimiento de la población, a la que había ahogado en impuestos, Palden Dondrup, convertido en un primer ministro de poca envergadura, finalmente tuvo que huir y se refugió en el monasterio de Ganden, antes de suicidarse.

Entonces le llegó el turno al «asistente» del joven dalái lama, Khenrab Wangchuk, que se

Destinos trágicos

autoproclamó poseedor del poder temporal. Contra todo lo esperado, el anciano lama de Drepung devolvió al país una apariencia de estabilidad: principalmente revisó la institución del poder tibetano y reemplazó el *kashag* —gabinete compuesto por los cuatro *kalon*— por una verdadera Asamblea Nacional *(tsongdu)* representativa de los tres grandes monasterios (Drepung, Ganden y Sera) y de las principales administraciones gubernamentales.

Con el paso de los años, el Tíbet recuperó una paz interior que le permitió volver a levantarse económica y políticamente de cara al exterior. Cuando Khenrab Wangchuk falleció en 1872, tras ocho años en el poder, el Tíbet disponía de nuevo de un Gobierno coherente y eficaz, además de estar experimentando una evolución iniciada desde hacía ya unas cuantas décadas.

Con diecisiete años, Trinley Gyatso ahora ya era capaz de gobernar. Aceptó el cargo, por petición del Consejo de Ministros y de la Asamblea Nacional, y fue declarado oficialmente poseedor de los poderes espiritual y temporal el 12 de marzo de 1873.

Sin embargo, el Tíbet no había acabado con la mala racha experimentada en el pasado. Apenas dos años después de haber asumido sus funciones, Trinley Gyatso decidió peregrinar a los lugares santos de Chokhorgyal, y, según cuentan, contrajo muy pronto una enfermedad que se lo llevó en unos días. Falleció el 25 de abril de 1875 con sólo dieciocho años. En realidad, la causa auténtica de la muerte del duodécimo dalái lama nunca sería establecida con certeza; rumores de todo tipo corrieron por el país, como había ocurrido con los anteriores dalái lamas fallecidos prematuramente. Altos funcionarios fueron detenidos, y los validos fueron condenados, pero, en definitiva, el secreto siguió bien guardado. Sólo hubo una cosa cierta: el Tíbet se sumió de nuevo en la incertidumbre y avanzó sin rumbo, tras haber perdido al guía espiritual que tanto necesitaba en esos tiempos en que un mundo en transformación permanente estaba zarandeando de manera muy peligrosa la cultura y las tradiciones tibetanas.

Los caminos hacia el exilio

Tras la muerte de Trinley Gyatso, los fundamentos más esenciales del Tíbet volvieron a tambalearse. Es cierto que el poder temporal seguía estando ahí y podía dirigir perfectamente el destino político y económico del país, pero el nervio motor del pueblo tibetano siempre había sido y continuaba siendo la espiritualidad.

Para todos los tibetanos, sin duda, la desaparición del duodécimo dalái lama constituía una nueva señal del destino con aspecto de oscuro presagio. ¿Cómo interpretar de otro modo esa terrible fatalidad que parecía ensañarse con el linaje de los dalái lamas? ¿Había perdido su valor y su autenticidad la que en el pasado había sido la más noble y pura de las instituciones? ¿Acaso la irrupción de la modernidad en las tradiciones de antaño, de un nuevo orden geopolítico del mundo, había arrasado con los descendientes de Avalokiteshvara, hasta el punto de hacerlos desaparecer antes de que pudieran cumplir con su sagrada misión? ¿O había que pensar que más de un siglo y medio de colonización china, como elemento de perversión de los ritos y las costumbres, había echado a perder la fe de los tibetanos hasta el punto de que ya no eran dignos de honrar a un dalái lama?

En todos los niveles de la sociedad, preguntas y pensamientos atormentaban a los tibetanos, pero la vida seguía adelante, con un imperativo evidente de primer orden: encontrar lo antes posible la reencarnación de Lobsang Trinley Gyatso, para intentar una vez más conjurar la suerte y reanudar los cánones morales y religiosos del budismo tibetano.

Lobsang Thubten Gyatso, el decimotercer dalái lama

Por consejo del oráculo de Estado, la búsqueda del nuevo dalái lama fue confiada a un lama de Ganden, que pronto se dirigió al lago de las Visiones, donde se sumió en una meditación que duró siete días. Al salir de este paréntesis en el tiempo, el lama reanudó su camino; acompañado de la delegación oficial, se dirigió sin dudarlo al distrito de Dakpo y finalmente se detuvo, tras un largo recorrido, en el pueblo de Perchosde. Deseoso de descansar después de una larga jornada de camino, el religioso llamó a una puerta. En cuanto le abrieron, supo que había llegado a su destino: el decorado de la estancia era exactamente el que había visto durante su meditación. De hecho, en los minutos siguientes, supo que en esa modesta morada había nacido en mayo de 1876 un niño cuya llegada al mundo había estado rodeada de señales y presagios como los que se observaban normalmente en la reencarnación de un dalái lama.

Cuando se le hicieron las distintas pruebas al niño, las respuestas tan precisas no dejaron ya lugar a dudas: se trataba, efectivamente, de la reencarnación de Trinley Gyatso. Convencidos de haber hallado a quien buscaban, los miembros de la delegación, a los que pronto se añadió el regente, llevaron en los siguientes días al niño y a su familia hasta Lhasa, donde, según la tradición, debía tener lugar la entronización.

Sin embargo, de nuevo se planteó el dilema de respetar o no lo que los chinos seguían queriendo imponer como costumbre, es decir, el sorteo del elegido utilizando la urna de oro de Chien Lung. Una vez más, oficialmente los altos dignatarios tibetanos se mostraron tan celosos que todo tuvo lugar tal como deseaba el ocupante chino... ¡y el nombre extraído finalmente de la urna fue el del niño de Perchosde! En realidad, si bien el sorteo sí tuvo lugar, no fue más que una formalidad puramente simbólica, ya que el regente Chokyi Gyaltsen se había ocupado personalmente de todo y había velado por que los ritos ancestrales tibetanos fueran respetados al pie de la letra, y los *amban* chinos destinados en Lhasa tenían demasiada poca envergadura como para oponerse de forma concreta y real.

Tras su designación, el niño fue oficialmente declarado la reencarnación de Trinley Gyatso el 12 de febrero de 1878, cuando aún no tenía ni siquiera dos años. La entronización solemne tuvo lugar un año más tarde, el 31 de julio de 1879, bajo la dirección del panchen lama Chokyi Drukpa, que dio al decimotercer dalái lama su nombre definitivo: desde entonces fue conocido con el nombre de Lobsang Thubten Gyatso («océano de la doctrina»).

En los meses siguientes tuvo lugar de manera natural la iniciación del joven guía espiritual de un Tíbet que había reencontrado en su persona la esperanza de un retorno a una espiritualidad fuerte y enriquecedora para todos. Necesitó tres años de estudio bajo la dirección del panchen lama para alcanzar el primer grado de ordenación *(getsul)*, que finalmente le fue entregado por Chokyi Drukpa en el año 1882, sólo unas semanas antes de que el anciano falleciera, debido a una viruela.

La iniciación del joven Thubten Gyatso prosiguió con la regularidad y perseverancia propias de un aprendizaje profundo. Así, poco a poco, adquirió las claves de un proceso espiritual de los más puros, superando uno a uno todos los niveles del conocimiento sagrado inherente a su rango.

En 1886, el regente Chokyi Gyaltsen falleció también, y rápidamente se designó a su sucesor, Demo Trinley Rabgyé. Dos años más tarde, finalmente la reencarnación del panchen lama fue identificada; se trataba de un niño nacido en 1882, que respondía fácilmente a todos los criterios de selección y que, al fin, se convirtió en el sexto panchen lama con el nombre de Chokyi Nyima.

La política llevada a cabo por el nuevo regente mantuvo al Tíbet en una relativa estabilidad, pero, detrás del buen humor de las ceremonias oficiales y de las sonrisas de circunstancia, las intrigas, las rivalidades y las luchas por la influencia minaban al Gobierno, a la Administración y, en general, a una parte de la nobleza tibetana. De modo que el poder temporal no tenía a menudo otra solución que recurrir a la justicia para mantener el orden social y público, multiplicando las condenas y los castigos —o incluso las ejecuciones— para alcanzar la perennidad del Estado tibetano.

Todos estos hechos fueron los que llevaron al decimotercer dalái lama, cuando acababa de pronunciar los votos de su segundo grado de ordenación *(gelong)*, en 1894, a declarar su deseo de encargarse del destino de su país, afirmando ante todos una personalidad fuerte e inteligente, llena de justicia y rectitud.

El pueblo tibetano descubrió entonces en Thubten Gyatso al líder espiritual que estaba esperando desde hacía mucho tiempo, a la vez religioso ferviente y hábil diplomático, que gastaba su energía sin límite con el objetivo de asumir su rango y se mostraba preocupado por afirmar permanentemente ante todos la grandeza del Tíbet. Y, al parecer, iba a necesitar realmente mucho valor y determinación para hacer frente a las pruebas que ya se perfilaban en el horizonte. En unas pocas décadas el mundo había cambiado, las luchas por la influencia entre los Estados habían entrado en un proceso de mutación en apariencia inexorable y nada ni nadie parecía poder frenar su avance.

Sin duda, fuera del país los cambios eran más notables. Mientras China entraba en guerra con Japón, los británicos se implantaban un poco más profundamente en Asia y los rusos no ocultaban su voluntad de extenderse hacia el este para llegar a Asia central. En realidad, los occidentales se mostraban insistentes, rompiendo cada día un poco más el equilibrio precario establecido desde hacía décadas entre el Tíbet y su «protector» chino.

En el interior, poco a poco invadido por las costumbres occidentales, las nuevas generaciones aspiraban a una mayor modernidad, a una evolución de la sociedad tibetana más allá de los principios de un conservadurismo religioso tradicional. A esta realidad es a la que pronto tuvo que enfrentarse Thubten Gyatso. Sobre todo cuando, por primera vez en la historia del país, unos religiosos osaron enviar al dalái lama una petición en la que denunciaban los abusos de poder en la designación de los cargos monásticos, señalaban la insuficiencia de la educación y reclamaban una mejor formación para los futuros miembros del Gobierno y de la Asamblea Nacional. Para poner fin a este conflicto, Thubten Gyatso afirmó que los cargos no debían ser hereditarios, sino que tenían que concederse en función del mérito, las capacidades reales y la cultura de los postulantes.

Deseando ir al ritmo de su tiempo, el decimotercer dalái lama mostró claramente una voluntad de reformar las instituciones tibetanas, pero chocó con numerosas resistencias, en primer lugar en las altas esferas del Estado, hasta tal punto que unos rumores que hablaban de un complot contra Thubten Gyatso se extendieron por el país en 1899, señalando con el dedo al regente como instigador de la maquinación. Una rápida investigación llevó a la encarcelación del regente Demo Trinley Rabgyé, sus hermanos y algunos cómplices, acusados de prácticas mágicas dirigidas a hacerse con el poder, sin que los *amban* chinos y Pekín —considerados por algunos como cómplices del regente— pudieran intervenir en el asunto.

Esta debilidad relativa de los representantes chinos no pasó desapercibida a los tibetanos, y algunos quisieron ver en ella la ocasión de liberarse del yugo imperial que pesaba sobre el Tíbet desde hacía ya demasiado tiempo. Algunas guarniciones chinas fueron atacadas en las provincias más alejadas del país, y finalmente el dalái lama tuvo que tomar medidas para restablecer la paz pública, ya que Pekín se limitaba a reemplazar a sus emisarios incompetentes.

En 1900, en el umbral del siglo XX, una nueva prueba acechó a los tibetanos: después de peregrinar al monasterio de Chokhorgyal, como todos los dalái lamas, Thubten Gyatso se dirigió al monasterio de Samyé. Sin embargo, de camino, contrajo la viruela. La terrible noticia se divulgó rápidamente por las altas esferas tibetanas, que revivieron el espectro de los dalái lamas fallecidos prematuramente, que nunca llegaron a cumplir su misión sagrada, y sobre todo el recuerdo de Trinley Gyatso, fallecido durante su peregrinaje a los lugares santos de Chokhorgyal. Esta inquietante coincidencia no pasaba desapercibida a ningún religioso, y todos se imaginaban ya lo peor.

Sin embargo, Thubten Gyatso se recuperó en dos semanas y muy pronto pudo reemprender el camino hacia el Potala. Todo el mundo vio en ello el indicador de una ruptura beneficiosa de la letanía infernal de muertes súbitas que se había llevado a los guías espirituales tibetanos.

Mientras, en el ámbito internacional, británicos, rusos y chinos se intercambiaban misivas diplomáticas, firmaban acuerdos que daban carta blanca a «misiones comerciales», definían reglas de circulación y, en definitiva, se ponían de acuerdo sobre el estatus del Tíbet —sin pedir opinión a los primeros interesados más que a título vagamente consultivo—, los tibetanos veían con malos ojos estas negociaciones que ponían en peligro la integridad de su país.

Pronto salió a la luz una encarnizada rivalidad entre británicos y rusos debida, básicamente, a una cuestión de prioridad en las relaciones diplomáticas con Lhasa, de la que podían depender importantes consecuencias comerciales. El dalái lama, por su parte, respetó los acuerdos firmados con China, escudándose en Pekín para evitar tener que dar preferencia a Londres o Moscú.

La tensión aumentó un grado cuando los ingleses llegaron a sospechar que los rusos entregaban armas a los tibetanos —el buriato Dorjiev[22] se había convertido en confidente y consejero para asuntos exteriores del dalái lama—. En 1903, cansado por unas negociaciones interminables, Londres decretó que una «misión comercial» (¡unos tres mil soldados y varios miles de auxiliares!) podía avanzar por territorio tibetano hasta Khampa Dzong o incluso tal vez hasta Gyantsé.

Unas semanas más tarde, los británicos establecieron contacto con los tibetanos, quienes les pidieron sin ambages que se fueran por donde habían llegado. Las negociaciones duraron semanas, sin que ningún bando cediera. China, por su parte, se mostró curiosamente ausente; al parecer, prefería ver cómo la contienda se solucionaba entre los oponentes, sin intervenir.

Rechazando los argumentos de los tibetanos, los británicos prosiguieron su incursión hasta que

---

22. En 1910 crearía un Departamento de Asuntos Exteriores y luego representaría al dalái lama en Berlín, Roma, Viena y París.

un incidente entre la tropa inglesa y los soldados tibetanos se saldó con varios cientos de muertos y numerosos heridos en las filas de estos últimos. Unos días más tarde, otro «incidente» causó más de ochenta nuevas muertes entre los tibetanos.

Estos acontecimientos fueron juzgados de extrema gravedad por el dalái lama, que de inmediato reprochó al Gobierno de Lhasa su falta de firmeza; hizo dimitir inmediatamente a los *kalon* de sus cargos y los encarceló, tras lo cual uno de ellos se suicidó. Thubten Gyatso se apresuró entonces a enviar a un emisario a los británicos, que estaban en Gyantsé, pero estos, haciendo caso omiso de la intervención del enviado del rajá de Bután a modo de intermediario, no aceptaron tratar la discrepancia más que en la capital y, por tanto, continuaron avanzando hacia Lhasa, adonde llegaron a principios de agosto de 1904. Pero fue en vano: el líder de la misión británica, Francis Younghusband, no se entrevistó con el dalái lama, que se había marchado voluntariamente de Lhasa, delegando por un tiempo sus poderes en el abad de Ganden, Tripa Lobsang Gyaltsen.

Las negociaciones, que contaron con la participación, por parte de los tibetanos, de monjes de los tres monasterios principales, duraron casi un mes, y al término de estas pareció llegarse a un acuerdo. Sin embargo, una vez más, no se tuvo en cuenta realmente la opinión de los principales interesados. Con el pretexto de ratificar un acuerdo relativo a las relaciones de comercio transfronterizo, en realidad el tratado en cuestión, como subraya precisamente Roland Barraux, presentaba todos los aspectos de un «acto de capitulación y de protectorado: preveía una indemnización de siete millones de libras, que el Tíbet tendría que abonar en setenta y cinco pagos anuales empezando el 1 de enero de 1906; a modo de garantía de ejecución, el Gobierno británico ocuparía el valle de Chumbi. El Tíbet se comprometía a desmantelar toda fortificación y a retirar todo armamento desde la frontera hasta Gyantsé y Lhasa; a no modificar los aranceles aduaneros sin consulta mutua previa; y, sobre todo, a no acordar ninguna concesión, instalación de representación o arrendamiento de ingresos a una potencia extranjera».[23]

Más allá de este «seudotratado», que en realidad no tenía otro valor más que el de ser un pretexto para la expoliación de los derechos y los bienes de los tibetanos —lo que el Gobierno británico reconocería implícitamente a posteriori,

---

23. Roland Barraux, *op. cit.*

Los caminos hacia el exilio

bajo la presión de su opinión pública, asombrada por las acciones cometidas por la misión de Younghusband—, fue, sobre todo, el sentido simbólico de esta intrusión occidental en el Tíbet lo que constituyó un problema. Porque en realidad, en lugar de someterse al invasor y avalar una intrusión totalmente ilegítima, el dalái lama prefirió el exilio, mostrando, sin duda, su rechazo a pactar con potencias extranjeras, pero dejando también a su país sin guía espiritual ni temporal... ¡lo cual no se había producido en siglos!

Con sólo veintinueve años y plena conciencia de las implicaciones que comportaba, Thubten Gyatso había tomado la decisión más difícil y valiente que un dalái lama podía tomar, rompiendo así con una de las costumbres más fuertemente arraigadas en la tradición tibetana.

Cuando en el pasado también los mongoles y los chinos habían aplastado los derechos de los tibetanos, habían adoptado una autoridad que les era ilegítima, sin duda, pero al menos habían respetado la cultura y la religión tibetanas, por el simple hecho de que también ellos eran originariamente actores en ese universo de Asia central. Sin embargo, el caso de los occidentales era muy diferente, porque sus políticos se apoyaban en tradiciones que hacían referencia a otras fuentes culturales y filosóficas.

Verdades sobre el Tíbet, los dalái lamas y el budismo

Mientras se alejaba de Lhasa, en un viaje hacia Mongolia que duró casi cuatro meses, Thubten Gyatso tuvo la sensación de que se estaba dibujando un mundo nuevo, en el que el Tíbet ya no ocupaba el lugar que había tenido hasta entonces. Si bien el dalái lama conservó su integridad y fue acogido con los honores debidos a su rango a su llegada a Urga en noviembre de 1904, no por ello dejó de sentirse muy afectado por la situación que vivía.

Las noticias que recibía regularmente de Lhasa no eran buenas. Su marcha había provocado una situación molesta entre los diferentes actores extranjeros implicados en el asunto. Los británicos no se conformaban con su ausencia, mientras que a los chinos no les gustaba haber perdido prestigio y que se pusiera en duda tan abiertamente su supremacía en el Tíbet. Los primeros insistían para que el dalái lama fuera destituido oficialmente y el poder espiritual fuera confiado al panchen lama, pero este no respondería jamás a este deseo; además, la población se encargaba de dar a entender que no era cuestión de que nadie reemplazara al guía espiritual tibetano. En cuanto a los chinos, Pekín empezaba a estar harto de las «gesticulaciones» occidentales en una tierra que los emperadores chinos habían acaparado desde hacía ya mucho tiempo, y sospechaban que los rusos querían reemplazarlos.

Los caminos hacia el exilio

En el terreno, sorprendidos también de no ver ninguna reacción por parte de los chinos ante la intrusión de la expedición británica, los tibetanos se atrevían a pensar que el poder imperial era débil e incapaz de reaccionar. El ambiente se calentaba, tanto en los monasterios como entre la población, hasta el punto de que a principios de 1905 algunos se enfrentaron abierta y violentamente a los representantes chinos en suelo tibetano, civiles o militares, en lo que parecía un inicio de insurrección.

Esto fue demasiado para el emperador chino, que decidió barrer de un solo golpe todas las ambigüedades. El general Zhao Erfeng, desplazado sobre el terreno, reprimió el inicio de levantamiento tibetano con una barbarie sin nombre, sitiando las lamaserías, matando y decapitando a los monjes, destruyendo los monasterios y los templos, quemando miles de textos sagrados..., en una acción salvaje inigualable, con un acento terrible de eliminación sistemática.

Consternados por el relato de esta violencia inaudita, los tibetanos se dieron cuenta de que, desde ese momento, nada volvería a ser como antes. Una nueva etapa acababa de comenzar en sus relaciones con Pekín, que hasta entonces nunca se había permitido tales atrevimientos y siempre había procurado respetar las instituciones y el Gobierno tibetanos. Se había acabado ese respeto mutuo que durante tanto tiempo había permitido mantener un equilibrio relativo en el altiplano tibetano; ahora, la nueva orientación era evidente: la fuerza, al igual que la represión pura y dura, tenía la palabra, sin preocupación alguna por herir la susceptibilidad de los dirigentes tibetanos.

Lo mismo ocurriría con las negociaciones entre Pekín y Londres acerca de la expedición británica, ya que en ningún momento se dio la palabra a los tibetanos. Sin embargo, las negociaciones durarían más de dieciocho meses antes de que se llegara a un acuerdo, según el cual se entregaba finalmente a China su dominio en el Tíbet, al precio del pago por parte del emperador chino al Gobierno británico del tributo que inicialmente debía ser cumplido por Lhasa.

Consternado por tanto desprecio hacia el Tíbet y su cultura, el dalái lama, durante un tiempo, con el propósito de oponerse a los acuerdos entre británicos y chinos, se planteó reforzar sus vínculos con los rusos, pero estos perdieron la guerra contra Japón y salieron debilitados del conflicto, por lo que sus intenciones en lo referente a Asia central se vieron afectadas. Al final —por no decir «actuando a la desesperada»—, Thubten Gyatso comprendió que no le quedaba otra solución que la de renovar el contacto con Pekín y, finalmente, anunció que iba a regresar a Lhasa.

Los caminos hacia el exilio

Retomando la ruta de los monasterios hacia el sur, el decimotercer dalái lama tardó varios meses en llegar a la capital tibetana, ya que se tomó su tiempo para meditar extensamente, en cada una de las etapas de su periplo, tanto sobre el destino del Tíbet como sobre su propia trayectoria espiritual. Así pues, hizo un alto de casi un año en el monasterio de Kumbum, con el objetivo de preparar mejor su regreso al frente del poder temporal y espiritual de su país, si bien era plenamente consciente de que estas funciones ya no tenían más que un valor simbólico.

Thubten Gyatso aprovechó su estatus recuperado de líder temporal garantizando al regente toda su confianza y restableciendo luego en sus funciones gubernamentales a los tres ministros que en el pasado había encarcelado. Al enterarse de la noticia del inminente regreso del dalái lama, las altas instancias de Lhasa multiplicaron los mensajeros, exhortándole a retomar sus funciones en el Potala lo antes posible.

Sin embargo, al mismo tiempo le llegó al dalái lama otra orden formal: la de Pekín, que reclamaba su presencia en China, en la corte imperial, en breve plazo. El dalái lama no sentía demasiados deseos de someterse a esta invitación tan particular, que podía conceder a los chinos una nueva ocasión para tratar al líder espiritual como un vasallo. Pero, al mismo tiempo, el emperador también había «convocado» al panchen lama, de manera que Thubten Gyatso finalmente decidió aceptar la invitación.

Al término de un largo viaje con una escolta de doscientas cincuenta personas y un trayecto en tren, el dalái lama llegó a Pekín el 28 de septiembre de 1908. Después de solucionar, no sin algunas dificultades, unas cuestiones de protocolo —Thubten Gyatso se negaba a postrarse ante el emperador, como apuntaba la tradición—, el dalái lama fue recibido en audiencia, primero por el emperador Guangxu, y después por la noble emperatriz viuda Cixi. Una vez cumplido el ceremonial, al día siguiente las cosas tomaron un cariz diferente y el dalái lama se dio cuenta de que había sido invitado para que le comunicaran oficialmente las nuevas relaciones que Pekín deseaba instaurar con el Tíbet.

En efecto, se publicó un edicto imperial que no dejaba lugar a ninguna ambigüedad acerca de la política china, que ahora sería más autoritaria y exclusiva, ya que contaba con asentarse con todo su peso sobre el pueblo del altiplano tibetano y esperaba señales de deferencia por parte del poder temporal y espiritual de Lhasa.

Para Thubten Gyatso ya no quedaba la menor duda: el periodo favorable en el que el líder espi-

Los caminos hacia el exilio

ritual tibetano era reconocido y honrado por su «protector» político chino había terminado. El edicto imperial enunciaba claramente las bases de una nueva jerarquía, que situaba resueltamente al Tíbet bajo la férula china.

Al encontrarse ante un hecho ya consumado, el dalái lama no vio otra opción que la de recibir en audiencia, a lo largo de los días siguientes, a un determinado número de representantes extranjeros destinados o presentes en Pekín durante su estancia en la ciudad. Así, multiplicó las entrevistas y los contactos, actuando como hábil diplomático que tal vez pudiera hacer uso en el futuro de la atención de las naciones occidentales para contener tanto la fuerte presión china como las veleidades agresivas de los británicos.

Entonces fue cuando la dinastía manchú en el poder conoció, a su vez, las asperezas del dolor. Uno tras otro, el emperador Guangxu y la emperatriz Cixi fallecieron en un intervalo de veinticuatro horas, el 14 y el 15 de noviembre de 1908 respectivamente. Puesto que el emperador Xuan Tong,[24] heredero del trono, sólo tenía dos años, fue el príncipe Chun quien se convirtió en re-

---

24. También conocido con el nombre de Pu Yi, sería el último emperador de la dinastía manchú y nunca llegaría a reinar en China.

gente. Después de celebrar en persona los funerales imperiales según los ritos en vigor en la corte, el dalái lama abandonó finalmente Pekín el 21 de diciembre.

Un largo viaje lo llevó hasta Lhasa, donde llegó en agosto de 1909. Mientras tanto, Thubten se fue deteniendo de nuevo en los numerosos monasterios y se tomó su tiempo para meditar extensamente sobre los últimos acontecimientos. Como hombre que quería avanzar resueltamente al ritmo de su época, comprendió que las evoluciones del mundo moderno eran ineludibles y que el Tíbet debía encontrar la fuerza y la energía necesarias para adaptarse a ese nuevo orden mundial que trastocaba la mayoría de las tradiciones ancestrales. Entonces se dio cuenta de que debido a su rango, en calidad de guía espiritual y heredero temporal del linaje de los dalái lamas, su papel iba a consistir, a partir de ese momento, en llevar a su país por la vía de la evolución y de la modernización, incluso cuando muchos de sus compatriotas todavía no estaban listos para enfrentarse a ello.

Cuando Thubten Gyatso entró de nuevo en la capital, Lhasa, a pesar de la cálida acogida, llena de respeto y gratitud, del pueblo tibetano, el rostro del Tíbet que descubrió el dalái lama lo sumió en la más profunda perplejidad.

Los caminos hacia el exilio

Los chinos estaban por todas partes. Se habían anexionado la mayoría de las regiones del altiplano, y sus efectivos militares —alrededor de treinta mil hombres, según algunos testimonios— constituían ya un verdadero ejército de ccupación. Todo esto hacía que surgieran problemas a diario en una población tibetana cuya naturaleza intrínseca no estaba habituada a la sumisión. De manera que los incesantes choques oponían una resistencia larvada a unas fuerzas militares chinas que no tenían piedad, multiplicaban los asaltos y las destrucciones de monasterios, así como las torturas —hubo testigos que hablaban de cuerpos cortados en rodajas, desollados, descuartizados, abrasados...— y las ejecuciones sumarias entre los monjes y una población aterrorizada.

Los intercambios comerciales y las transacciones de todo tipo también eran controlados por Pekín, que anuló los acuerdos pasados del Tíbet con sus principales vecinos y con los británicos.

Pero, por encima de todo, lo que parecía más grave y preocupante a los ojos de Thubten Gyatso era la situación política. Los *amban* chinos destinados en Lhasa, rompiendo con una tradición de neutralidad y flexibilidad que había caracterizado durante mucho tiempo a sus predecesores, aprovechando la ausencia del maestro espiritual y temporal del país, se habían hecho pura y llanamente con el poder y habían destituido a los *kalon* que el dalái lama había puesto de nuevo al frente del Gobierno tibetano. Todos los puestos jerárquicos y de decisión, desde las altas instancias hasta los pequeños funcionarios, estaban ocupados ahora por chinos, que poco a poco estaban «poniendo el país a raya».

Thubten Gyatso, evidentemente, no podía aceptar una situación así y no reaccionar. Inició una protesta oficial y regular ante Pekín, denunciando los excesos de poder cometidos por los *amban*; al mismo tiempo, creó una Oficina de Asuntos Externos, por medio de la cual reanudó los contactos con otros países, teniendo siempre la esperanza de que acudirían en su ayuda cuando llegara el momento.

Sin embargo, en Pekín el regente Chun no estaba dispuesto a hacer ninguna concesión. Por toda respuesta, y de forma exagerada, envió al general Zhao Erfeng a Lhasa al mando de un ejército de veinte mil hombres. En los días siguientes, la tensión aumentó de manera considerable. Británicos y nepaleses intentaron sucesivamente una mediación, pero no sirvió de nada. El 12 de febrero de 1910 la vanguardia del ejército chino penetró en Lhasa.

La noche anterior, el dalái lama evitó lo peor huyendo del Potala con una pequeña escolta.

Los caminos hacia el exilio

Cuando los chinos se dieron cuenta, se lanzaron en su persecución, pero muy pronto su avance se vio retrasado por los asaltos desesperados de soldados tibetanos que querían proteger la huida de su guía espiritual. Al final, gracias a que el clima empeoró bruscamente, Thubten Gyatso pudo cruzar la frontera. Empezaba así un nuevo exilio.

Mientras el dalái lama era recibido en la India con los honores dignos de su rango y reemprendía de inmediato sus contactos con los representantes extranjeros, en la capital tibetana el proceso de pacificación se aceleraba.

A finales de febrero los chinos anunciaron la destitución de Thubten Gyatso, pero esta fue rechazada y contestada con fuerza por la población, que hacía desaparecer o manchaba con excrementos los avisos oficiales colgados en los muros de la ciudad. Propuesto por Pekín como heredero del poder, puesto que los tres ministros del Gobierno habían seguido al dalái lama en su exilio, el panchen lama declinó la oferta china y la Asamblea Nacional emitió sus más intensas reservas sobre lo que acababa de producirse, rechazando todo compromiso con los invasores.

Sin embargo, las relaciones entre el dalái lama y Pekín no se habían roto. Visiblemente en un punto muerto sobre el terreno, los chinos hacían el esfuerzo de mantener las negociaciones a fin de permitir el regreso de Thubten Gyatso al Tíbet, pero este último deseaba el arbitraje de los británicos, lo cual era inconcebible para el emperador.

Fueron necesarios los terribles disturbios políticos en China en 1912 para que la situación realmente llegara a evolucionar. En efecto, el Imperio del Centro vivió también un giro en su historia: consumida por una agitación creciente y las incesantes luchas internas por la influencia, la última dinastía imperial acabó cayendo, y dio paso a una república dirigida por el general Yuan Shikai, que se convirtió en presidente.

La desorganización que se derivó alcanzó rápidamente al Tíbet, donde las guarniciones chinas literalmente se desmembraron; algunos soldados regresaron a su hogar y otros se convirtieron en asaltadores y saqueadores. Satisfecho por el debilitamiento notorio del ocupante, el pueblo tibetano se dedicó entonces a soñar con una nueva libertad e inició una revolución, acabando con varias guarniciones chinas y obligando a las fuerzas de Pekín a reagruparse y buscar una salida negociada al conflicto.

No obstante, el nuevo régimen chino reafirmó muy pronto su intención de mantener la política establecida por sus predecesores, sobre todo con respecto al Tíbet, que oficialmente era considerado una parte de China, al mismo nivel que otras provincias. Entonces fue enviado un texto oficial al dalái lama, en el que se le indicaba que era considerado una persona «fiel y sometida, y profundamente vinculada a la patria» china.

Por supuesto, este comunicado no gustó a Thubten Gyatso, que se apresuró a informar oficialmente a los nuevos dirigentes chinos de que él no sabría invocar cualquier rango subalterno en las esferas de poder de Pekín y de que seguía siendo el señor espiritual y temporal del Tíbet, que pensaba dirigir con este título.[25] Una vez hecho esto, se puso de camino a Lhasa, donde fue recibido en enero de 1913 por un alborozo popular sin precedentes.

A lo largo del mes siguiente, el dalái lama asentó las bases del nuevo Gobierno tibetano y precisó sus orientaciones futuras, en una declaración formal que desde ese momento sería considerada la principal referencia en materia de autodeterminación del pueblo tibetano. En ella se hace referencia a la conservación de la fe budista y las tradiciones e instituciones tibetanas, así como a nuevas medidas fiscales, jurídicas y comerciales.

---

25. En el futuro, los tibetanos se remitirían con frecuencia a este texto, considerando que en cierto modo se trataba de la profesión de fe que definía la independencia del Tíbet.

Al mismo tiempo, Thubten Gyatso trabajó sin descanso con el propósito de imponer la independencia de su país con relación a las potencias extranjeras. Con este fin, elaboró el texto de un tratado con Mongolia, firmado muy pronto, en enero de 1913, según el cual cada uno de los países reconocía la independencia del otro y ambos aceptaban el principio de una cooperación militar y económica.

Más allá de este reconocimiento de independencia totalmente simbólica, en la realidad Pekín se negaba a ratificar un texto en cuya redacción su Gobierno no había intervenido. Como consecuencia, el dalái lama fue consciente de que tenía que hallar otra solución para validar su voluntad de asumir su autoridad con relación al destino del Tíbet. Una vez más, fue de los británicos de quienes procedió la propuesta de intercesión, que esta vez desembocó en un primer contacto efectivo entre los representantes tibetanos y chinos, en Simla, una pequeña ciudad a trescientos kilómetros de Nueva Delhi.

Las conversaciones duraron varios meses, superando poco a poco las primeras posiciones irreconciliables para llegar pronto a un acuerdo en varios puntos. El resultado fue que, efectivamente, el Tíbet estaba «integrado» en China, pero ni Pekín ni Londres podían anexionárselo.

Los caminos hacia el exilio

La Administración tibetana estaba autorizada a encargarse de los asuntos internos del Tíbet, pero todo lo relativo a relaciones exteriores seguía siendo una prerrogativa china. Por último, la designación del dalái lama seguía estando bajo la autoridad tibetana, y Pekín sólo podía confirmar la decisión que se tomara en este sentido.

Por desgracia, hábilmente conducidos por los británicos, los intercambios habían ido demasiado lejos para Pekín, que, desautorizando a su representante, se negó a ratificar el punto relativo a la designación del dalái lama. La convención de Simla, si bien a partir de entonces constituiría para los tibetanos la principal referencia en todo diálogo oficial, nunca sería reconocida por la república china. Esto no impidió a Thubten Gyatso ver en ella un avance significativo y emprender las reformas que consideraba indispensables para su país. Así pues, empezó por reorganizar y estructurar al ejército y crear un cuerpo de policía, una oficina postal, redes de telegrafía conectadas a las angloindias, un sistema de producción económico orientado hacia la autosuficiencia y un banco con una moneda tibetana destinada a reemplazar a la china.

Todas estas medidas, evidentemente imprescindibles en un contexto internacional en plena evolución, no siempre hallaron un eco favorable entre la población tibetana, tan vinculada a las tradiciones. El enrolamiento de los jóvenes en una nueva fuerza armada contraria a los monasterios significaba que estos últimos veían cómo se reducían sus efectivos; entre los nobles tibetanos también preocupaba el aumento de las deducciones fiscales del Estado, porque iban a sufrir directamente sus efectos, ya que anteriormente, por lo general, dichas sumas les eran destinadas a ellos.

Todas estas eran las dificultades que debía afrontar el dalái lama, que hacía todo lo posible por hacer comprender a unos y a otros que la modernización de su país podía convertirse en un factor esencial de reconocimiento del Tíbet en el contexto internacional y, por tanto, en la garantía de cierta autonomía.

Al mismo tiempo, los sobresaltos se multiplicaban en el exterior del país. Entre 1910 y 1920, la situación internacional se degradó, sumiendo a las naciones en un conflicto mundial de un alcance inigualable. Según toda lógica, el dalái lama esperaba que las consecuencias también se hicieran sentir en Asia central. Por consiguiente, concentró las nuevas tropas de su ejército en las fronteras definidas por la convención de Simla.

Como era lógico, los chinos, que no tenían en cuenta esta convención, intentaron nuevas incursiones en territorio tibetano. No obstante, esta vez, los tibetanos, fortalecidos por su nueva organización militar y por los modernos equipamientos proporcionados por los británicos, fueron capaces de rechazar su ataque. Despechados por esta derrota y seguros de no recibir ningún apoyo suplementario por parte de Pekín, los chinos optaron por una tregua, que fue finalmente firmada por unos portavoces y ante un mediador británico[26] designado por el dalái lama, en Rongbatsa, en el año 1918.

En las semanas siguientes, Pekín envió a un emisario para intentar resolver definitivamente los problemas territoriales, pero Thubten Gyatso se remitiría siempre a la convención de Simla, que el emperador chino nunca ratificaría.

Una vez recuperada la calma entre Lhasa y la frontera, además de en sus trabajos espirituales, el dalái lama pudo concentrarse de nuevo en la situación interna del Tíbet. En los hechos de la vida diaria, las reformas emprendidas, aunque indispensables, tenían a menudo dificultades para implantarse entre una población muy vinculada a las costumbres ancestrales. Lo más difícil, sin duda, era adaptar las reformas a las instituciones budis-

---

26. Eric Teichman, agente del servicio consular en China.

tas, principalmente en el ámbito fiscal y de las contribuciones financieras exigidas por el Estado tibetano a los monasterios.

Así fue como muy pronto surgió un conflicto más importante que los anteriores entre el dalái lama y el panchen lama, ya que este último se oponía a que los monasterios participaran en los gastos de la guerra de 1912-1913 con China (como había ocurrido en la guerra contra Nepal en el año 1791), llegando incluso a intentar hacer intervenir a un británico como mediador. Ante la negativa de este último a inmiscuirse en los asuntos tibetanos, y siguiendo los consejos de un entorno fuertemente opuesto al Gobierno, el panchen lama rechazó toda concesión y decidió abandonar el monasterio de Tashilhunpo; lo hizo de noche, con una mínima escolta, el 15 de noviembre de 1923, y tomó la ruta de Mongolia. Sin embargo, por deferencia hacia el líder espiritual del Tíbet, Chokyi Nyima informó al dalái lama de su deseo de evitar todo conflicto interno en el Tíbet, por lo que preferiría dejar el país durante un tiempo (con el pretexto de ir a visitar otros monasterios).

Lo que a los ojos de los dirigentes tibetanos parecía un auténtico desgarramiento, paradójicamente tendría un mejor efecto entre los enviados de Pekín, que adoptaban cada vez más su estrategia de siempre, es decir, enfrentar a los dos altos dignatarios tibetanos, el panchen lama y el dalái lama. Aun cuando expresaría el deseo de regresar a su país, Chokyi Nyima no lo conseguiría nunca y fallecería en 1937 sin haber vuelto a pisar suelo tibetano.

De hecho, dos concepciones del mundo se oponían ahora en el Tíbet. Por una parte, la de una sociedad tradicional, de costumbres y rituales arraigados durante siglos, que tenía dificultades para evolucionar; y por la otra, la de un dalái lama que quería resueltamente ir al ritmo de su época, aunque para ello tuviera que alterar las mentalidades con una modernidad un poco agresiva. Ahí radicaba el problema: ¿cómo hacer que una sociedad tribal y artesanal pasara de los principios ancestrales del feudalismo a los radicalmente diferentes del siglo XX y de otro «orden del mundo»?

Thubten Gyatso se dedicó a ello con toda su energía, multiplicando las iniciativas y velando de manera estricta por la independencia de su país, pero al mismo tiempo proporcionó muchas razones a los tradicionalistas para combatirla y oponerse a una transformación política y económica del Tíbet. Sin duda, no se podía hablar todavía de corrientes políticas distintas, pero ya emergían orientaciones diferentes, y cada cual tenía su percepción de la evolución en curso.

Los religiosos (abades y lamas de los principales monasterios) consideraban que el Tíbet debía seguir siendo, ante todo, una entidad religiosa, antes de pretender ser una nación, y rechazar cualquier idea que no estuviera incluida en los principios fundamentales del budismo tibetano.

La generación joven, por su parte, en especial la procedente de la nobleza, se mostraba ávida de la modernidad que descubría en sus contactos con el extranjero, en el que veía principalmente la posibilidad de acabar con el control —algunos hablaban incluso de «dictadura»— de la religión en el país.

Y, por último, estaban los que se mostraban cercanos al Gobierno tibetano, en su mayoría conservadores que se situaban, a la vez, como garantes de las instituciones religiosas, pero aun así abiertos a una prudente modernidad, preocupados sobre todo por impedir que la omnipresencia religiosa fuera reemplazada por un control idéntico por parte de militares.

Thubten Gyatso debía demostrar constantemente la mayor diplomacia de cara a estas distintas «corrientes», que pedían sucesivamente cuentas, afirmaban sus exigencias, hacían presión en cualquier asunto para conseguir ventajas. Así ocurría, sobre todo, con los militares, celosos de las prerrogativas y la proximidad al dalái lama de que gozaban los religiosos; pronto exhortaron al líder supremo tibetano a que redujera las atribuciones de estos últimos. En otros lugares, eran los monjes quienes hacían sus reivindicaciones, hasta el punto de conducir al jefe supremo del Tíbet a destituir de sus funciones a varios abades de Drepung que habían caldeado los ánimos hasta casi provocar una insurrección.

A pesar de estos sobresaltos internos, que por otra parte subrayaban la diversidad de matices en el seno de la sociedad tibetana, el dalái lama mantenía el rumbo y proseguía con su obra de renovación. Se construyó una central hidroeléctrica en Lhasa, se emprendieron estudios geológicos, se reorganizaron las fuerzas policiales; como anécdota, cabe decir que aparecieron los tres primeros automóviles, así como la proyección de películas de cine para la alta nobleza.

Normalmente los problemas más importantes surgían en las fronteras, como siempre había ocurrido y seguiría sucediendo. Así, lo que al principio no fue más que un incidente de vecindad muy pronto llevó al inicio de un nuevo enfrentamiento entre el Tíbet y Nepal. Luego le tocó a Pekín —entonces víctima de las veleidades de independencia de los señores de la guerra y de la aparición en 1925 de la corriente comunista dirigida por Mao Zedong— recordar las buenas atenciones de Thubten

Gyatso y, al término de unos enfrentamientos militares, alegar, por boca de su líder Chiang Kai-shek, la voluntad de acabar con las diferencias entre China y el Tíbet. Sin embargo, el dalái lama aguantó y reafirmó su voluntad de ver respetada la convención de Simla y, sobre todo, de que se tuviera en cuenta la autonomía real de la nación tibetana.

Por último, los británicos quedaron definitivamente apartados de las relaciones entre Pekín y Lhasa, y la Oficina de Asuntos Externos tibetana abrió delegaciones permanentes en China (en Ta-Chien-Lu, Nankin y Pekín). El emperador chino intentó poner de nuevo al dalái lama contra el panchen lama, otorgando a este último el pomposo título de Gran Maestro de Infinita Sabiduría, Defensor de la Nación y Propagador de la Fe, así como una paga anual sustanciosa... ¡que Thubten Gyatso se apresuró a rechazar, afirmando que el panchen lama no podía, en ningún caso, hacerse con los poderes temporales y seculares!

Nuevos incidentes en la provincia del Kham y altercados internos agitaron las más altas esferas tibetanas. El dalái lama hacía todo lo posible por encontrar soluciones y compromisos que garantizaran al máximo la identidad nacional del Tíbet. Durante mucho tiempo estuvo afectado por la discordia surgida entre él y el panchen lama, ya que sentía que esta separación de los dos «poderes» no llevaba a nada bueno y sentaba un precedente doloroso y peligroso, aun cuando el ausente fue reemplazado por un administrador de muy alto nivel, Dzasa Lama.

Cuando en noviembre de 1933 se resfrió y murió poco después, el 17 de diciembre, Thubten Gyatso dejó un Tíbet en plena transformación. Surgió la hipótesis de un envenenamiento, pero nada la confirmó.

De repente, todas las facciones presentes en el pueblo tibetano se dieron cuenta de lo astuto que había sido su guía espiritual y lo compleja que había sido la tarea que había asumido. En el seno del Gobierno y en el recinto de los grandes monasterios, incluso entre la nobleza dorada de Lhasa, se instaló la perplejidad y el miedo, y todos se sintieron súbitamente huérfanos.

Como de costumbre, hubo un periodo de vacilación a lo largo del cual el consejero de Thubten Gyatso, Dorjé Tsegyal, se creyó investido de una tarea gubernamental. Finalmente, la regencia fue confiada a un lama de Reting, lo cual no impidió que las intrigas minaran de nuevo las sendas del poder temporal, con la oposición entre ministros y religiosos que creaban altercados en las más altas esferas.

Preocupados por esta fragilidad nuevamente instalada en la dirección del Tíbet, chinos y británicos enviaron delegaciones al lugar, a fin de asegurarse de que la transición al frente del Estado tibetano se hiciera sin crisis importantes que pudieran repercutir en sus respectivas prerrogativas. Los británicos llegaron a la capital tibetana en mayo de 1934, y los chinos, tres meses más tarde.

Tras entrevistarse con los responsables tibetanos nombrados para recibirlas, finalmente las dos delegaciones obtuvieron el derecho a abrir una estación de radio para comunicarse cada una con sus Gobiernos respectivos. Los chinos, por su parte, intentaron hacer firmar a los tibetanos un acuerdo que reconociera el Tíbet como provincia china, pero estos últimos se remitieron de nuevo a los acuerdos de Simla de 1914.

Cuando finalmente las dos delegaciones se volvieron a sus respectivos países, pareció recuperarse un equilibrio precario, que todos esperaban que durara unos años, y el Tíbet aprovechó para persistir en la vía de los esfuerzos de modernización instaurada por Thubten Gyatso.

Jampel Ngawang Lobsang Yeshe Tenzin Gyatso, el decimocuarto dalái lama

Tras la muerte del decimotercer dalái lama, le fue atribuido al regente Reting Rinpoché el deber de asumir la transición del poder. Y consiguió hacerlo para satisfacción de la mayoría de los tibetanos durante más de diez años.

Gracias a una visión que tuvo el regente en 1935, las investigaciones de los lamas para encontrar una reencarnación de Thubten Gyatso se dirigieron hacia el Amdo. Varios niños parecían responder a los criterios de selección, pero finalmente, un año más tarde, se identificó a un crío nacido en 1935 en el pueblo de Taktser.

Muy pronto empezaron a acumularse las señales positivas: los lugares en que vivía se parecían a los aparecidos en la visión del regente; el niño reconoció una caña, un tambor y una sarta de mantras que habían pertenecido a Thubten Gyatso; se expresaba en el dialecto de Lhasa y recitaba mantras sin que nunca le hubieran enseñado ninguno. Todos estos detalles corroboraron rápidamente la convicción de los investigadores de tener ante ellos a la reencarnación del decimotercer dalái lama.

Cuando la delegación abandonó su pueblo, el niño lloró y suplicó que lo llevaran con ellos. De regreso, unas semanas más tarde, los lamas habían hecho su elección y esta vez no tenían ninguna duda: estaban convencidos de hallarse en presencia del decimocuarto dalái lama. Entonces se proyectó llevarlo a Lhasa.

Sin embargo, el Amdo era una amplia región controlada entonces por un gobernador chino de religión musulmana, llamado Ma-Bufang, a quien, como señor de la guerra, le gustaba creerse independiente y soberano sobre las tierras en las que imponía su ley. El gobernador fue informado del descubrimiento del niño elegido, ya que la delegación solicitaba su ayuda para llevar al pequeño con escolta hasta la capital tibetana. Sin dudarlo, y al comprender la ventaja que podría sacar de la situación, Ma-Bufang impuso a los tibetanos una contrapartida financiera para dejar que el joven dalái lama saliera de «su» territorio.

En realidad, el nuevo dalái lama fue considerado como un rehén y se pedía por él un rescate de cien mil monedas de plata, una suma muy considerable para la época. Las negociaciones duraron meses; a pesar de la intervención de los tibetanos ante el Gobierno chino para que hiciera ceder a Ma-Bufang, los infructuosos intentos llevaron muy pronto al señor de la guerra a pedir el triple de la suma inicial por el niño.

Finalmente, en abril de 1939, se llegó a un acuerdo con el Gobierno de Lhasa: unos ricos mercaderes musulmanes que iban de camino a La Meca aceptaron pagar el tributo solicitado (trescientas mil monedas de plata), contra reembolso, por parte del Gobierno tibetano, en rupias indias.

Los caminos hacia el exilio

El 21 de julio la delegación pudo, al fin, ponerse en camino. Dos meses más tarde, el niño quedó libre de toda obligación con los chinos y fue reconocido abiertamente por la Asamblea Nacional tibetana como el decimocuarto dalái lama. Su entronización oficial tuvo lugar unos meses más tarde, en febrero de 1940, en presencia del presidente de Asuntos Mongoles y Tibetanos en el Kuomintang, Wu Chung-Tsin, y del representante británico en Sikkim, sir Basil Gould.

Durante las semanas siguientes, comenzó la formación del joven dalái lama, según un proceso y unos rituales ahora ya consagrados que combinaban múltiples aprendizajes destinados a nutrir una cultura espiritual y general y a la estructuración de un carácter y una voluntad para forjar una identidad. A fin de que los años que trascurrirían en este austero marco no carecieran del equilibrio y la armonía que necesita un niño, su familia lo acompañó, y su hermano mayor Lobsang Samten realizó sus mismos estudios. De este modo podía ver con frecuencia a su madre, cuando su empleo del tiempo, tan cargado, le dejaba la posibilidad de hacerlo.

El regente, por su parte, velaba por el estricto respeto de las reglas impuestas por la tradición tibetana en lo referente a la instrucción que recibía el futuro líder espiritual de su país. Reting Rinpoché estaba tan preocupado por la ética que, al regresar de un viaje al monasterio de Samyé, en los primeros días de 1941, anunció oficialmente que deseaba retirarse de la vida pública. Aunque no ofreció abiertamente ningún motivo para este retiro, todos en las altas esferas sabían que en realidad no podía aceptar el haber roto desde hacía un tiempo el voto de celibato. Finalmente fue el segundo preceptor del dalái lama, Tadga Rinpoché, quien, tras consultar al joven muchacho y por decisión de la Asamblea Nacional, fue designado para reemplazarlo.

Entonces llegó la hora de que el decimocuarto dalái lama pronunciara sus primeros votos de novicio. Y era el momento de que recibiera su nombre definitivo: a partir de entonces se llamaría Jampel Ngawang Lobsang Yeshe Tenzin Gyatso.

El fervor propio a esta entronización del joven elegido para un escalón superior de su iniciación espiritual, si bien daba al Tíbet un nuevo impulso en términos de armonización y vuelta a sus tradiciones más antiguas, no lograba ocultar, sin embargo, una situación internacional catastrófica. El mundo era sacudido por los enfrentamientos y los horrores de un nuevo conflicto de gran alcance, en el que estaban implicados numerosos países. Y el enclave del altiplano tibetano no conseguiría escapar a los trastornos provocados por este terrible estallido de violencia.

En esta región del mundo, los japoneses constituyeron principalmente un problema de relieve. Pekín estudiaba entonces con el Reino Unido la posibilidad de avituallar sus tropas con armamento desde la India, pasando por el Tíbet. Pero los dirigentes de Lhasa no estaban de acuerdo y se negaron a que hubiera ningún tráfico de armas en su territorio. Tuvieron que aumentar las presiones internacionales y acompañarse de ventajas comerciales en materia de exportaciones tibetanas hacia China, para que finalmente el Gobierno tibetano cediera y se pusiera así del bando de los «aliados».

En realidad, la Asamblea Nacional tibetana no temía tanto a los japoneses como a un eventual uso de las armas proporcionadas por los británicos a los chinos contra la población tibetana. La afirmación del poder chino no dejaba de aumentar, y la mala voluntad de las autoridades de Pekín ante las de Lhasa era notable, hasta el punto de que las relaciones se habían vuelto muy tensas y las tropas armadas se acumulaban a ambos lados de la frontera.

También fue la desconfianza hacia China la que hizo entrever en los intentos de contacto por parte de Estados Unidos con Lhasa la perspectiva de una nueva apertura del Tíbet hacia el exterior. En efecto, un emisario de Washington entregó al dalái lama una carta del presidente F. D. Roosevelt en la que daba a entender claramente que cuando acabara la segunda guerra mundial el Tíbet podría ser representado oficialmente en una conferencia de paz.

No obstante, sobre el terreno todo iba por un camino distinto. Los chinos eran los señores y, sin ambigüedades, mostraban a los británicos que, ciertamente, el Tíbet gozaba de una autonomía relativa, pero siempre bajo la soberanía de China, sobre todo en cuanto a la determinación de los límites fronterizos entre la India y el altiplano tibetano.

Al mismo tiempo, la situación se degradaba al frente del Estado tibetano. Mientras algunas personas del entorno del dalái lama apostaban por una apertura al exterior que les parecía saludable, el regente Tagda, por su parte, manifestaba un conservadurismo que algunos juzgaban de retrógrado, puesto que llegó incluso a cerrar la escuela inglesa abierta hacía poco.

La oposición era tal que pronto se llegó a extremos catastróficos: en abril de 1947, después de que un paquete bomba le explotara al secretario del regente, los partidarios del ex regente Reting fueron acusados de ser los autores de dicho acto y, finalmente, Reting fue detenido. Como consecuencia hubo enfrentamientos de una violencia extrema entre los monjes de Sera que apoyaban a Reting y las fuerzas de la Asamblea Nacional, con un resultado de más de doscientos muertos. Reting murió en prisión al mes siguiente, probablemente envenenado.

En las altas esferas espirituales del Tíbet, muchos pensaban que todas estas tensiones internas no auguraban nada bueno de cara al futuro. Y, durante cierto tiempo, algunas señales inquietaron a quienes interrogaban a la naturaleza y consultaban los oráculos, especialmente un cometa visible en el cielo tibetano durante varias semanas.

El dalái lama, por su parte, todavía no estaba directamente implicado en lo que se preparaba. De momento se dedicaba por completo a la formación intensiva que seguía y se familiarizaba con los textos sagrados, las técnicas de meditación y la historia de la evolución del mundo. Y precisamente al salir de ese nuevo conflicto mundial, el mundo cambió: la India accedió a su independencia, mientras que el Ejército Popular de Liberación chino alcanzó una a una las plazas fuertes del Kuoumingtang, de modo que el Gobierno nacionalista se vio obligado muy pronto a replegarse en Taiwán.

Al mismo tiempo, una delegación de emisarios tibetanos se dirigió a Estados Unidos y Reino

Unido, buscando un apoyo significativo en términos de reconocimiento de la identidad y de la nacionalidad tibetanas en el futuro.

Los tibetanos, testigos privilegiados de la profunda transformación que sacudía China, al ver cómo el Gobierno nacionalista se debilitaba considerablemente bajo los ataques bruscos y violentos de los comunistas, se envalentonaron y muy pronto pusieron en duda las relaciones de soberano-vasallo heredadas de una época imperial china entonces ya finalizada. Lhasa emitió así una decisión de expulsión de los representantes de Pekín de la capital tibetana y, por extensión, de todos los residentes chinos, fuera cual fuera su profesión.

Había que aprovechar la oportunidad, pero la situación del Tíbet en realidad era muy diferente. Concretamente, el ejército tibetano, que contaba, en el mejor de los casos, con unos pocos miles de hombres y una cincuentena de cañones, no podía presumir de tener ningún peso frente a la máquina de guerra china. Ahora bien, más allá de los altercados internos que tenían lugar dentro del antiguo Imperio del Centro, había algo que los comunistas, que poco a poco se estaban haciendo con el poder, tenían muy claro: el Tíbet había sido y seguía siendo una «provincia» china.

Las altas esferas tibetanas, en última instancia, para afirmar la nacionalidad y la independencia tibetanas, costara lo que costara, pasaron entonces a considerar que había llegado el momento de entronizar al dalái lama en sus responsabilidades espirituales y temporales al mando del Tíbet. La ceremonia oficial tuvo lugar el 17 de noviembre de 1950, en el respeto de los rituales y las tradiciones del budismo tibetano más auténtico.

Apenas instalado en sus nuevas funciones, Tenzin Gyatso se dispuso a designar a dos personajes de alto rango con los que estaba seguro que podía contar para dirigir el Gobierno tibetano: el lama Lobsang Tashi y un laico llamado Lukhangwa.

Sin embargo, las tropas chinas ya habían penetrado en el Amdo y multiplicaban sus acciones. El dalái lama envió a toda prisa emisarios a China y Nepal para intentar mitigar la crisis, pero también a Occidente con la esperanza de encontrar apoyo en el Reino Unido y Estados Unidos.

Menos de un mes después de su entronización, el 11 de diciembre, Tenzin Gyatso dirigió una petición a las Naciones Unidas en la que solicitaba el nombramiento de una comisión de investigación sobre los hechos ocurridos en el Amdo. La propuesta sería rechazada, como consecuencia de la intervención de Taiwán, que argumentaba que el tema tibetano era únicamente incumbencia de China.

Así pues, quedaba claro que el Tíbet estaba más aislado de lo que había estado nunca. Conscientes de que había que ver en ello el anuncio de días todavía más sombríos, los dirigentes tibetanos decidieron alejar al dalái lama del Potala. En los días siguientes, después de abandonar Lhasa de noche, Tenzin Gyatso y su séquito llegaron al monasterio de Dungkhar, a trescientos kilómetros de la capital, no lejos de la frontera del Sikkim, después de más de diez días de camino.

Augurando dificultades todavía mayores, algunos fieles del dalái lama enterraron, por si acaso, un «tesoro de guerra», compuesto por polvo de oro y lingotes de plata, en un escondrijo que sería celosamente guardado en secreto. En realidad, unos años más tarde, esta precaución resultaría ser de una extrema importancia, ya que desempeñaría un papel capital para el futuro del Tíbet.

Sin embargo, de momento había que hacer frente a una situación cada vez más crítica. A esas alturas era evidente que no llegaría ninguna ayuda del exterior, porque todos los interlocutores de Tenzin Gyatso se mantenían prudentes ante la potencia china y el levantamiento de la revolución comunista de Mao Zedong. La poca información que llegaba al dalái lama daba a entender claramente que los chinos habían decidido «poner a raya» al Tíbet y no se detendrían ante nada.

Algunos deseaban batirse costara lo que costara y otros eran partidarios de la negociación, argumentando que una invasión china del altiplano tibetano iba a ser catastrófica. Finalmente, como hombre de diálogo que apostaba siempre por la conciliación en lugar de por el enfrentamiento, el dalái lama eligió la segunda opción y envió al gobernador de Chamdo, Ngabo Ngawang Jigmé, a Pekín.

A los chinos les bastó apenas un mes de entrevistas para redactar una resolución con diecisiete puntos, que entregaron a la delegación tibetana y que el representante del dalái lama, prácticamente limitado al papel de simple observador, no tuvo más remedio que firmar, el 23 de mayo del año 1951.

La situación era grave, ya que era el estatuto del Tíbet, definido hasta entonces por un tratado elaborado y ratificado en el año 821 —es decir, más de once siglos antes—, lo que se ponía en duda. La identidad espiritual y cultural del Tíbet, que había forjado su nación a lo largo de los siglos, era pura y llanamente relegada a un segundo plano, detrás del dudoso hecho de que la meseta tibetana era y había sido siempre una provincia china y que en el presente debía volver al seno de la «madre patria»:

> [...] Punto 1: El pueblo tibetano se unirá para expulsar del Tíbet a las fuerzas de agresión imperialistas: el Tíbet regresará a la gran familia de la Patria, la República Popular China.
> Punto 2: El Gobierno local del Tíbet contribuirá activamente a la entrada en el Tíbet del Ejército Popular de Liberación y a la consolidación de la defensa nacional. [...]

La suerte estaba echada. La oficialización del texto de diecisiete puntos por parte de los chinos les abría la puerta del Tíbet. A partir de ese momento se instalarían allí como amos y señores. Menos de dos meses después de la firma, el general Chiang Ching-Wu llegó al monasterio de Dungkhar y pidió audiencia al dalái lama. Era portador de misivas de parte del Gobierno chino: una copia del acuerdo de diecisiete puntos y recomendaciones militares y de advertencias apenas veladas en el caso de que Tenzin Gyatso se planteara la posibilidad de abandonar el Tíbet.

En realidad, los chinos deseaban que el dalái lama regresara a Lhasa, donde su presencia sería considerada una validación de las nuevas disposiciones de Pekín para con el Tíbet. Por su parte, el líder espiritual tibetano veía su retorno más bien como la afirmación de la identidad religiosa y cultural de su país frente a lo que desde entonces había que considerar, más que nunca, un «invasor».

Cuando entró de nuevo en la capital tibetana, el 17 de agosto de 1951, el pueblo le reservaba una acogida de lo más cálida, dando claramente a entender que ponía en el dalái lama todas sus esperanzas. Reunida en sesión extraordinaria el 28 de septiembre, la Asamblea Nacional tibetana examinó con detenimiento las potenciales consecuencias de la ratificación del acuerdo de diecisiete puntos; las reticencias eran muchas y los participantes emitieron toda una serie de protestas, pero en última instancia los religiosos consideraron que lo más importante estaba protegido, puesto que los chinos afirmaban en el punto 7 que «las creencias religiosas, las costumbres y los usos del pueblo tibetano serán respetados, y las comunidades de lamas serán protegidas». Como consecuencia de ello, la Asamblea emitió un dictamen positivo a fin de que el dalái lama comunicara a Pekín su consentimiento con relación a la firma agregada al documento por su representante el 23 de mayo.

Lo que los tibetanos no habían constatado todavía era que acaban de avalar un procedimiento que ponía radicalmente en duda no sólo las bases de su identidad, sino también su concepción del mundo. Y es que, más allá de las simples disposiciones prácticas, lo que quería imponer Pekín era nada más y nada menos que otra definición de la naturaleza humana, del papel del individuo en la sociedad y en un entorno dado... en el que la espiritualidad no tenía cabida alguna.

Ahora bien, la historia del Tíbet demuestra constantemente que este pueblo no existe más que a través de una espiritualidad fuerte y radiante, eminentemente «nutritiva» a todos los niveles de la sociedad, superando el simple materialismo para elevar la existencia humana hacia planos de conciencia superiores. En este sentido, no resulta sorprendente que los problemas empezaran a surgir y que rápidamente fueran multiplicándose y agravándose.

Para empezar, encontramos la introducción en el Tíbet de una fuerza armada china que superó los veinte mil hombres en pocas semanas —más de tres mil en la capital, Lhasa— y comportó notorias reacciones de desaprobación por parte de la población tibetana. A esto se añadió el problema crucial del avituallamiento de estas tropas, ya que los chinos reclamaban veinte mil toneladas de cebada... ¡de las que los tibetanos simplemente no disponían, habida cuenta de sus capacidades de producción! Por último, surgía la dificultad evidente de integrar las fuerzas militares tibetanas en el Ejército Popular de Pekín, hecho simplemente inconcebible para los primeros afectados, que se negaban por principios a servir bajo la bandera china.

Particularmente irritado por este último punto, el Gobierno de Pekín pidió y obtuvo la dimisión de los dos ministros nombrados por Tenzin Gyatso al frente del ejecutivo tibetano, considerados «reaccionarios» por los chinos. La situación se volvía cada vez más inestable en la cumbre del Estado tibetano, pero el dalái lama asumió plenamente sus responsabilidades y consiguió mantener durante un tiempo un precario equilibrio.

Al tiempo que asumía su cargo y establecía algunas reformas, Tenzin Gyatso proseguía con su búsqueda religiosa, alternando sus trabajos de investigación personal con la transmisión de las enseñanzas que empezaba a ofrecer. En 1954 accedió, al fin, al rango de sacerdote y fue ordenado en el templo de Jokhang.

Asimismo, en esta época fue invitado oficialmente a China. Muchos de sus allegados y consejeros, muy poco partidarios de que aceptara la invitación, debido a la influencia de Pekín en la vida tibetana, no veían con buenos ojos dicho viaje y argumentaban que toda propuesta procedente de los chinos podía ocultar un potencial peligro. Sin embargo, al decimocuarto dalái lama, hombre de diálogo y conciliación, le gustaba pensar que el intercambio y la comunicación siempre podían ayudar a hallar soluciones aceptables para cada una de las partes presentes. Así pues, consiguió convencer a los dirigentes tibetanos de que su viaje a Pekín podía ser útil a su causa y, finalmente, emprendió el camino hacia China con su familia y un séquito; realizaron el viaje, de casi tres mil kilómetros, en bote, mula, avión y un tren especial que, finalmente, les llevó a la estación de Pekín.

Acogido por Zhou En-lai, durante los días siguientes Tenzin Gyatso se vio en varias ocasiones con Mao Zedong. Este último parecía querer templar algo las disposiciones del acuerdo de diecisiete puntos, hasta el punto de que el dalái lama llegó a plantearse seriamente que las relaciones entre su país y el Gobierno de la República Popular China podían ser más cordiales y mutuamente respetuosas.

Aprovechando la ocasión que se le presentaba con su salida del Tíbet, el decimocuarto dalái lama se entrevistó en Pekín con varios jefes de Estado, como Nehru y Jrushchov, y muchos diplomáticos occidentales que le permitieron tejer relaciones que el dalái lama esperaba que fueran útiles a la causa tibetana. Asimismo, viajó durante varios meses por las provincias chinas, conociendo a budistas y haciéndose una idea más precisa de la sociedad china.

Sin embargo, durante la última entrevista con Mao, este último no pudo evitar evocar lo que consideraba el «veneno de la religión». Detrás de todas las sonrisas de buen tono y de las recepciones oficiales teñidas de forzada amabilidad surgió, de repente, una realidad muy diferente: los dirigentes chinos no habían pensado ni un solo instante en hacer la mínima concesión al líder espiritual y temporal del Tíbet y, finalmente, todo indicaba que las cosas no iban a solucionarse.

De hecho, de regreso en su país, Tenzin Gyatso no tardó en constatar que la situación se estaba degradando; en muchos casos las relaciones entre tibetanos y chinos se envenenaban. El control de Pekín sobre las tierras y las propiedades tibetanas era cada vez mayor, ya que se multiplicaban las confiscaciones y reorganizaciones, que la población no comprendía y aceptaba mal. Una gran parte de estas medidas consideradas discriminatorias iban destinadas a los monasterios y quienes los habitaban, y monjes y monjas se convirtieron en el blanco de todo tipo de imposiciones y trabajos.

Se superó una nueva etapa cuando los chinos se ensañaron con algunas de las tradiciones más antiguas del Tíbet, como el modo de vida de los nómadas, acostumbrados a desplazarse de provincia en provincia, viviendo de la ganadería y la caza. Cuando Pekín decretó que había que desposeerlos de sus armas, la reacción no se hizo esperar: grupos de insumisos, principalmente khampas, atacaron a los representantes de Pekín, y destruyeron carreteras y puentes para complicar al máximo sus conexiones y su avituallamiento.

Por desgracia, en cierto modo esta era la ocasión que esperaba Pekín. La reacción militar china fue de una violencia inaudita, causó numerosas víctimas y puso fin a la revolución con sangre, obligando a numerosos tibetanos a refugiarse fuera de su provincia de origen. Los testimonios que fueron recogidos posteriormente hablaron de las peores acciones de las que puede culparse a un ejército de ocupación, de todo tipo de humillaciones y negaciones del individuo, como violaciones, torturas, ejecuciones públicas, decapitación sistemática de los sublevados —llamados «reaccionarios»— y exposición de sus cabezas mediante fotografías en los periódicos: «Los monjes eran obligados a romper sus votos de castidad y los niños a pegar a sus padres. Los monasterios de Lithang y Bathang, de los que se sospechaba que eran nidos de resistencia, fueron bombardeados».[27]

---

27. Roland Barraux, *op. cit.*

Los caminos hacia el exilio

Por supuesto, esta represión desenfrenada, cuyos terribles ecos recorrieron los campos, no hizo más que envenenar los ánimos, de manera que nuevas provincias se rebelaron a su vez. La situación empeoró de tal modo que Pekín decidió enviar como refuerzo a un contingente de cuarenta mil hombres para acabar de una vez con la revuelta.

Por su parte, el dalái lama emprendió todos los trámites oficiales ante los representantes chinos en Lhasa, multiplicando las cartas enviadas a Pekín, pero sin resultado alguno. Muy pronto se hizo evidente a los ojos de cualquier observador, por poco objetivo que fuera, que una terrible máquina se había puesto en marcha y que día tras día laminaba literalmente al pueblo tibetano y sumía al Tíbet en el horror.

Tenzin Gyatso no perdía la esperanza de encontrar apoyo fuera de su país. En parte esta fue la razón por la que aceptó responder favorablemente a la invitación del maharajá Kumar de Sikkim de acudir a las fiestas de celebración del dos mil quinientos aniversario del nacimiento del Buda Shakyamuni. Después de varios meses de titubeos por parte de las autoridades chinas, se autorizó al fin al dalái lama a abandonar el Tíbet a finales de noviembre de 1956 en compañía del panchen lama.

Verdades sobre el Tíbet, los dalái lamas y el budismo

Una vez en la India, Tenzin Gyatso intentó desesperadamente obtener el apoyo de Nehru, pero este último, que pretendía mantener buenas relaciones con su imponente vecino chino, le respondió con una denegación de demanda; simplemente propició un encuentro con Zhou En-lai, precisamente de visita en el país. Como de costumbre, de estas entrevistas no salió nada positivo, ya que los chinos no avanzaron más que un supuesto compromiso de Mao de no emprender la menor reforma en el Tíbet antes de, al menos, cinco años.

Puesto que no parecía posible ninguna solución aceptable, en el entorno del decimocuarto dalái lama se evocó una cuestión mayor, esto es, si el líder espiritual del Tíbet, que disponía de un estrecho margen de maniobra, debía o no regresar a su país. En otras palabras: sus allegados temían por su seguridad y tenían miedo de que los chinos llegaran al extremo de su lógica belicista y destructora, y pusieran fin a sus días. Pero Tenzin Gyatso no quiso abandonar a su pueblo; decidió hacer todo lo posible por encontrar una vía de pacificación con Pekín y eligió regresar a Lhasa, a pesar de los rumores que hablaban de un posible atentado contra su persona.

En la capital tibetana, la situación estaba lejos de solucionarse. Por el contrario, a pesar de algunas medidas vagamente diplomáticas destinadas al dalái lama, la represión estaba en pleno apogeo. En abril de 1958, una nueva operación de la policía china causó cientos de víctimas y provocó la salida de Lhasa de miles de refugiados hambrientos, muchos de los cuales, sobre todo los más jóvenes, se apresuraron a unirse a la resistencia que poco a poco se organizaba en el país.

En la sombra, pronto se habló de un apoyo oficioso de Estados Unidos a la oposición a los comunistas de Mao Zedong, y de hecho se multiplicaron las ayudas contra las fuerzas chinas.

Tenzin Gyatso fue invitado entonces a ir a Pekín; sin embargo, consiguió eludir durante un tiempo esta «invitación» bajo el pretexto de estar en un retiro espiritual ineludible.

No obstante, era evidente que la presión se intensificaba, y la tregua duraría poco; mientras, el dalái lama se negaba a lanzar a las tropas tibetanas contra quienes los chinos calificaban como «rebeldes». Para el líder espiritual tibetano cada vez estaba más claro que debía imponerse una decisión de importancia.

La situación era en esos momentos tan inestable que la visita de Nehru a Lhasa, prevista desde hacía tiempo, fue anulada. Finalmente, en marzo de 1959, todo se estremeció. Un día después del festival anual de Monlam, que había reunido en febrero a miles de tibetanos religiosos y laicos procedentes de todos los rincones del país, cuando Tenzin Gyatso acababa de recibir el título de doctor en estudios budistas, una multitud considerable se reunió alrededor del Norbulingha, la residencia del dalái lama, con gritos alarmantes sobre un posible rapto de Tenzin Gyatso por parte de los chinos.

Los ánimos se calentaron muy rápido. Un tibetano sospechoso de ser un espía de Pekín fue linchado. Ahora eran ya varios miles de personas (más de treinta mil, según algunos testimonios) las que se agolpaban alrededor del palacio, disponiéndose como escudos humanos para proteger a su líder espiritual. Los chinos pidieron expresamente al dalái lama, por motivos de seguridad, que se refugiara en su campamento. El día 17, la tensión aumentó cuando dos obuses cayeron en el jardín del palacio de Verano.

Mientras los rumores más pesimistas corrían entre la muchedumbre, sin que nadie supiera realmente qué ocurría, Tenzin Gyatso decidió consultar el oráculo oficial, que en muchas ocasiones le había aconsejado en el pasado y le había ordenado siempre que contemporizara e hiciera todo lo posible por solucionar las cosas. Esta vez, la respuesta lacónica fue de lo más directa: «¡Vete,

vete!», le dijo el hombre sin la menor duda, horrorizado por la visión que acababa de tener.

Unas horas más tarde, en plena noche, después de una última meditación en el santuario de Mahakala y de algunas plegarias, el decimocuarto dalái lama se resignó a emprender la huida, vestido como un simple tibetano y acompañado de una reducida escolta que lo condujo en secreto fuera de Lhasa.

Al día siguiente, los chinos hicieron correr el rumor de que el dalái lama había sido raptado y luego bombardearon Lhasa, destruyendo una gran cantidad de edificios, la escuela de medicina y el monasterio de Sera. Unos días después, el 28 de marzo, Pekín disolvió el Gobierno tibetano y ordenó a las autoridades que reprimieran la rebelión, presentando una lista de «traidores», entre los cuales figuraban Tenzin Gyatso, sus allegados y el decimosexto karmapa. El panchen lama fue designado para asumir el poder.

El 30 de marzo de 1959, tras un largo y arriesgado viaje, y después de que varios sublevados del Kham hubieran retrasado a sus perseguidores chinos, el dalái lama cruzó la frontera del Assam y pidió asilo político a la India. Un telegrama de Nehru lo acogió calurosamente, pero el dirigente indio no varió ni un ápice la posición que ya había expresado anteriormente, es decir, se negó a condenar a China y, por tanto, a entrar en conflicto con ella, por el simple hecho de que, en los acuerdos que firmaron ambos países en 1954, la India había reconocido que el Tíbet formaba parte de la República Popular China. Una parte de la opinión india se negaba a admitir esta condescendiente neutralidad hacia el invasor chino, pero no sirvió de nada.

El 20 de junio, Tenzin Gyatso dio una conferencia de prensa que fue cubierta a escala mundial por un centenar de periodistas extranjeros; denunció con firmeza el acuerdo de diecisiete puntos impuesto por Pekín y pronunció una frase que se haría célebre: «Esté yo donde esté, acompañado de mi Gobierno, el pueblo tibetano nos reconoce como su Gobierno».

El Gobierno indio no podía permitirse reconocer al ejecutivo en el exilio del dalái lama, pero sí le permitió actuar como le pareciera en su suelo, lo cual, en definitiva, dejaba cierta libertad de movimientos a Tenzin Gyatso.

Sin demora, este último emprendió un nuevo trámite ante las Naciones Unidas para que se reconociera el hecho tibetano y para que los Estados miembros condenaran la invasión china. El 21 de octubre de 1959, el resultado de estos debates fue una resolución —la número 1353, aprobada por 46 votos a favor, 9 en contra y

Los caminos hacia el exilio

26 abstenciones—[28] que apelaba al «respeto de los derechos humanos y de la particularidad cultural y religiosa del Tíbet», pero no se hacía ninguna mención a China, de manera que su impacto quedó muy atenuado.

Sin el apoyo real de sus vecinos más próximos, teniendo que conformarse con una resolución internacional sin gran efecto, el decimocuarto dalái lama comprendió que su país entraba en uno de los periodos más oscuros de su historia. El Tíbet que él había conocido y amado tanto ya no era el remanso de paz y espiritualidad del pasado; ahora era la tierra devastada de un pueblo herido. Y los acontecimientos futuros iban a demostrar, desdichadamente, que la cosa no había hecho más que empezar.

Durante los meses siguientes, Tenzin Gyatso no se resignó a aceptar la situación. Después de haberse recogido en los lugares que vieron aparecer al Buda histórico, mandó desenterrar el valioso tesoro que habían ocultado sus fieles en la frontera de Sikkim en 1950, y luego, con ayuda del Gobierno indio, instaló en 1960 su Gobierno en el exilio en Dharamsala, donde pronto se unieron a él los expatriados tibetanos, hasta alcanzar rápidamente una cifra superior a cien mil personas.

---

28. Estados Unidos apoyó la resolución, pero la India y el Reino Unido se abstuvieron.

Verdades sobre el Tíbet, los dalái lamas y el budismo

En pocos meses, el dalái lama, sin escatimar medios, asentó las bases de un Gobierno democrático en el exilio; instauró una comisión de diputados compuesta por representantes de las provincias tibetanas; reservó respetuosamente un sitio a los partidarios de la antigua religión *bön*, y creó departamentos encargados de la educación, la información y los asuntos económicos. Por supuesto, conforme a las prácticas más antiguas del Tíbet, el espacio reservado a la religión fue preponderante y Tenzin Gyatso reagrupó a más de mil quinientos monjes muy eruditos —entre los aproximadamente seis mil que habían salido ya del Tíbet— para que velaran por la conservación de los ritos y las tradiciones.

Durante ese tiempo, en Lhasa, la situación se degradó rápidamente. Eran incontables los monasterios y los pueblos destruidos, y los cultivos abandonados por la falta de campesinos. La sociedad tibetana, eminentemente pacifista, había dejado paso a una dictadura militar fuerte, con más de ciento ochenta mil hombres dotados de armamento pesado. Las persecuciones políticas y religiosas diarias causaban centenares de muertos y provocaban la huida despavorida de la población por las pistas del Himalaya para escapar del régimen chino. Más tarde se calcularía que únicamente el diez por ciento de las personas que lo intentaron consiguieron vencer las inclemencias del clima y los rigores de la montaña, así como a sus verdugos chinos, y escapar del Tíbet. Entre 1960 y 1965, más de ochenta mil tibetanos —hombres, mujeres y niños— arriesgaron sus vidas en numerosas ocasiones, en viajes que duraban a menudo varias semanas en condiciones extremas entre los cinco mil y los seis mil metros de altitud, para unirse al dalái lama.

La India y la comunidad internacional (en especial Suiza, que acogió a muchísimos niños huérfanos) se conmovieron al ver a esos repatriados acudir en masa y se ocuparon de una parte de ellos. Para federar esta ayuda, más que necesaria, muy pronto el Gobierno tibetano en el exilio abrió oficinas de representación en el extranjero —primero en Nepal y luego en Nueva York, Zúrich, Tokio, Londres y Washington—, y fue tejiendo vínculos que se consideraban necesarios para la supervivencia del Tíbet.

En numerosas ocasiones, el panchen lama intentó alertar a Pekín de las acciones de las tropas destinadas en el Tíbet, principalmente en una memoria sin concesiones presentada en 1962, pero que no surtió el más mínimo efecto. Así pues, en 1964, decidió condenar abiertamente la dictadura china, en un discurso pronunciado en el festival anual de Monlam. Inmediatamente fue arrestado, junto con varios monjes, y luego exiliado a China a fin de ser «reeducado».

Fueron necesarios los enfrentamientos fronterizos con China en 1962 y luego la guerra entre la India y Pakistán de 1965-1966, así como que Indira Gandhi sucediera a Lal Bahadur Shastri, para que al fin la India se posicionara en el bando de los países indignados por la actitud china en el Tíbet y votara a favor de una nueva resolución de las Naciones Unidas que condenaba la ocupación del altiplano tibetano por las fuerzas militares de Pekín.

La situación también era dramática sobre el terreno. Los efectos de la Revolución Cultural llegaron hasta Lhasa y numerosas provincias tibetanas. La resistencia intentaba hacer frente con sus escasos medios, pero la represión era terrible, y las acciones, incomparables a las que los tibetanos habían vivido hasta entonces.

Contra viento y marea, y a pesar de las aterradoras noticias que le llegaban de su país, el dalái lama prosiguió su obra de reconstrucción «exterior» de un Tíbet libre. Emprendió una serie de viajes por el mundo, que dieron a la causa tibetana un aura nunca antes igualada. A finales de 1967 y luego durante varias semanas en 1973, Tenzin Gyatso visitó sucesivamente Tailandia, Japón y once países de la Europa occidental y del norte; incluso se entrevistó con el papa Pablo VI en Roma.

Hubo que esperar a la muerte de Mao Zedong, en 1976, para que Pekín reconociera algunos excesos cometidos por las tropas de ocupación chinas en el Tíbet. Se manifestó también la voluntad de liberar a algunos prisioneros y, sobre todo, de ver regresar al dalái lama a su país, porque en muchos ámbitos la sociedad tibetana parecía incontrolable sin una autoridad moral que federase las actuaciones de la población. En el reconocimiento oficial de China por parte de Estados Unidos, en febrero de 1979, el panchen lama reapareció al fin, supuestamente «reeducado», para emitir un llamamiento al dalái lama, en el que le animaba a regresar a Lhasa.

Sin embargo, Tenzin Gyatso no podía tomar una decisión tan radical. Simplemente aceptó enviar al Tíbet una delegación dirigida por su hermano mayor Gyalo Thondrup. El viaje por las provincias tibetanas duró casi cuatro meses, durante los cuales descubrieron con espanto una verdad más allá de todo lo imaginable: templos y monasterios habían sido destruidos o transformados en almacenes; los bienes budistas habían sido profanados en la mayoría de los lugares sagrados; las penurias y el hambre habían diezmado a la población; se calculaba que habían sido talados más de cincuenta millones de árboles; un pastoreo intensivo había hecho desaparecer cientos de especies animales y vegetales; el cultivo del trigo, que supuestamente debía sustituir al de la cebada, había sufrido un fracaso punzante, etc.

Sin embargo, por encima de todo, la población tibetana reservó a la delegación una acogida fabulosa, ávida de noticias del dalái lama, dejando entrever cómo ansiaba desesperadamente su regreso.

En 1980, otras delegaciones acudieron al Tíbet para estudiar la situación, y la constatación siempre fue la misma: la de una situación en constante degradación para una población exangüe, esclavizada o deportada, según las regiones, con una cultura negada en todos los sectores de la vida diaria y la llegada en trenes llenos de colonos chinos dispuestos a implantar sus propios hábitos en un territorio que les había sido presentado como un «El Dorado» virgen de toda tradición.

En lo referente a la apertura de Pekín respecto a la cuestión tibetana, finalmente se hizo evidente que China sólo estaba interesada en el regreso del dalái lama para que calmase los ánimos en el lugar y asegurase la paz civil en un país que consideraba, más que nunca, una de sus provincias.

En cuanto al dalái lama, multiplicó sus viajes al extranjero, sobre todo a Occidente, para dar a conocer la causa tibetana y aportar información de gran valor para el establecimiento de numerosos informes relativos a los derechos humanos, pisoteados en el Tíbet, pero sin obtener nunca un cambio real en la posición de las autoridades chinas. La benevolente comprensión de la mayoría de los Estados no consiguió tampoco iniciar un proceso de mejora en suelo tibetano, aun cuando las exhortaciones de los dirigentes occidentales se hicieron cada vez más frecuentes.

Nuevos actos de violencia —algunos testimonios hablarían de masacres— ensombrecieron todavía más la historia tibetana a finales de la década de 1980, pero tras los hechos, sólo la voz inagotable del dalái lama osó elevarse siempre y cada vez con más fuerza contra la aniquilación progresiva de un país entero.

En su exilio de Dharamsala, desde ese momento Tenzin Gyatso no pudo hacer más que proseguir con su tarea de protección de la cultura tibetana, acogiendo sin cesar a nuevos refugiados y logrando reunir también más de cuarenta mil volúmenes originales salvados in extremis de los autos de fe chinos.

Su incesante obra de restauración de la dignidad tibetana, ardientemente sostenida por la ONU, la Unión Europea y organizaciones como Amnistía Internacional, le valdría al decimocuarto dalái lama la concesión en 1989 del Premio Nobel de la Paz.

Durante las últimas décadas del siglo XX, la situación del Tíbet no dejó de empeorar: los presos políticos seguían siendo muy numerosos; los testigos de torturas, habituales; los desplazamientos de población, frecuentes, y la colonización china de las tierras tibetanas siguió más que nunca a la orden del día.

Al mismo tiempo, la situación económica y ecológica del Tíbet era más que preocupante, ya que las riquezas forestales y mineras del altiplano tibetano habían sido literalmente «saqueadas» por el ocupante, con más del cuarenta y cinco por ciento de la superficie de bosque desaparecida y un temible fenómeno de desertización acelerado, todo ello con consecuencias catastróficas para el clima de las regiones del entorno, puesto que el Tíbet es, recordemos, la fuente de algunos de los mayores ríos del planeta. Y, para acabar de empeorar las cosas, las inmensas extensiones del Tíbet eran utilizadas también por los chinos para almacenar sus residuos radioactivos, lo cual contribuyó a sobrecargar una situación ya preocupante por la contaminación debida a los fertilizantes y a los desechos industriales.

No obstante, sin duda ha sido en el plano humano donde las consecuencias de la invasión

Los caminos hacia el exilio

china han sido más perjudiciales para los tibetanos: una población privada de sus derechos más elementales, desarraigada y poco a poco reemplazada por colonos chinos, que ve sus raíces tradicionales y culturales pisoteadas, «arrancadas» una a una; sus lugares de culto, cerrados y abandonados; sus rituales, prohibidos; la vida monástica, condenada; las reencarnaciones de los grandes iniciados, impugnadas hasta el punto de que algunos han sido secuestrados, llevados a China y no han vuelto a aparecer, o bien han sido reemplazados por otros nombrados arbitrariamente por Pekín.

A comienzos del siglo XXI, concretamente en el año 2008, se produjeron unos graves disturbios en el interior del país, que desembocaron en una revuelta de la población y en la posterior represión por parte del Gobierno chino, con un número de víctimas sin determinar. Estos altercados tuvieron una gran repercusión internacional y se produjeron protestas en todo el mundo que llegaron hasta las más altas instancias, encabezadas por el presidente francés, Nicolas Sarkozy. La cercanía de la celebración de los Juegos Olímpicos en Pekín hizo que en algunos países se planteara la posibilidad de un boicot, aunque finalmente, a causa de la presión diplomática china, los Juegos se celebraron con total normalidad.

Continúa por tanto vigente hoy en día la lucha por la supervivencia no sólo de un pueblo y de sus costumbres y cultura ancestrales, sino también de todo un país.

Negados en su identidad, violados en sus derechos, despojados de sus bienes, expoliados de sus tierras, los tibetanos, ahora más que nunca, tanto si permanecen en su país como si llevan años en el exilio, tienen todas sus esperanzas puestas en el único guía espiritual que les queda y que nunca ha traicionado su fervor religioso: el heredero del más prestigioso linaje nacido en el altiplano tibetano, Jampel Ngawang Lobsang Yeshe Tenzin Gyatso, el decimocuarto dalái lama.

Conclusión

Pase lo que pase en el futuro, la historia del linaje de los dalái lamas permanecerá en la memoria de la humanidad como una epopeya sin igual.

Durante siglos ha alimentado la fe y las esperanzas de todo un pueblo, ha iluminado los espíritus y los actos de decenas de generaciones, ha hecho brillar en el firmamento de la espiritualidad una concepción del hombre y de la humanidad que ha trascendido a una parte del mundo. Sus principales actores, representantes todos de una única identidad que han contribuido a perpetuar a lo largo del tiempo, habrán estado más o menos presentes y activos en su época, pero siempre han sido portadores de esa gracia indescriptible, de esa grandeza innata que sólo los más altos iniciados conocen.

Estos catorce seres de excepción, de orígenes diversos y, sin embargo, iluminados por una misma llama de autenticidad indiscutible, por sus palabras y sus actos, pero también, y sobre todo, por su sola presencia, han forjado el alma de un pueblo único, del que no hay que sorprenderse si vive más cerca del cielo que todos los demás.

Al parecer, en las tierras ingratas del altiplano tibetano, una riqueza de otro tipo ha encontrado su lugar predilecto, ofreciendo a las almas que viven allí una profundidad y una grandeza desconocidas por tantas otras.

El linaje de los dalái lamas nos entrega hoy los tesoros de su historia, que paradójicamente parece marchitarse en su propia tierra y, al mismo tiempo, se ve divulgada por todo el mundo, hasta el punto de que uno se pregunta si el terrible destino reservado a los tibetanos, a la luminosa grandeza de su espiritualidad, a las reencarnaciones que han iluminado su camino, no ha sido el precio que había que pagar para que el pensamiento tibetano ofreciera al mundo la riqueza de sus virtudes de amor y compasión, en un sacrificio absoluto que asegurara el más hermoso de los dones a una humanidad que ha encontrado así, en la espiritualidad tibetana, más allá de las angustias de una modernidad galopante y de una pérdida de identidad individual, la fuerza para afrontar los retos del futuro.

Bibliografía

BARRAUX, Roland: *Histoire des Dalaï-Lamas*, col. «Espaces libres», Albin Michel, París, 1993.
BAUDOUIN, Bernard: *Le Chamanisme, une médiation entre les mondes*, De Vecchi, París, 1999.
— *Le Confucianisme, une conception morale de la vie*, De Vecchi, París, 1997.
— *Le Taoïsme, un principe d'harmonie*, De Vecchi, París, 1997.
DESHAYES, Laurent: *Histoire du Tibet*, Fayard, París, 1997.
LAIRD, Thomas: *La historia del Tíbet: conversaciones con el Dalái Lama*, Paidós, Barcelona, 2008.